세일즈의
본질

세일즈의
본질

초판 1쇄 발행 2022. 6. 7.

지은이 전의진
펴낸이 김병호
펴낸곳 주식회사 바른북스

편집진행 김수현
디자인 양헌경

등록 2019년 4월 3일 제2019-000040호
주소 서울시 성동구 연무장5길 9-16, 301호 (성수동2가, 블루스톤타워)
대표전화 070-7857-9719 | **경영지원** 02-3409-9719 | **팩스** 070-7610-9820

•바른북스는 여러분의 다양한 아이디어와 원고 투고를 설레는 마음으로 기다리고 있습니다.

이메일 barunbooks21@naver.com | **원고투고** barunbooks21@naver.com
홈페이지 www.barunbooks.com | **공식 블로그** blog.naver.com/barunbooks7
공식 포스트 post.naver.com/barunbooks7 | **페이스북** facebook.com/barunbooks7

ⓒ 전의진, 2022
ISBN 979-11-6545-674-0 03320

성공을 꿈꾸는
사업자, 자영업자, 창업자를 위한 지침서

세일즈의 본질

ESSENCE OF SALES

전의진 지음

★★★
판매를 통해
성공하기 위한
A to Z

세일즈의 본질을 이해하면
당신은 무엇이든 팔 수 있다!

모든 성공은 판매로부터 시작된다!
만들고, 판매하고, 확장시켜라.

바른북스

가치는 우리에게
행복을 선사한다.

들어가면서

    '가치를 만드는 사람이 되자'라고 결심한 이후 직업군인이었던 나는 사업에 대한 목표를 가지고 해군 대위로 전역했다. 사업은 내가 직접 가치를 만들고 다른 사람들에게 좋은 영향력을 행사할 수 있는 훌륭한 수단이며, 내 역량과 노력에 따라 끊임없이 성장하고 발전할 수 있는 결과물이 될 수 있다고 생각했기 때문이다. 전역 후 나는 사업의 밑바탕이 될 수 있는 역량을 발전시키고자 다양한 시도와 노력을 해왔다. 발전하고자 하는 나의 태도는 나를 둘러싼 모든 환경을 배움의 공간으로 만들어주었으며, 끊임없는 도전과 시도를 바탕으로 하나씩 축적된 가치들은 내가 새로운 가치를 창출하고 인격적으로 더욱 성장할 수 있는 양분이 되었다.

    사업에서 성공을 목표로 하는 사람으로서 내가 생각하는 사업의 성패를 결정짓는 가장 중요한 두 가지 요소는 조직을 이끌 수 있는 사람 관리 능력과 세일즈 능력이다. 군에서 장교로 근무하며 권위와

권력, 조직과 리더십에 대해 끊임없이 고찰하며 좋은 인간관계를 구축하고 의사소통을 하는 능력을 배울 수 있었던 나는 내가 스스로 부족하다고 생각하는 세일즈 능력을 키워보고자 영업의 최전선이라고 할 수 있는 보험 영업을 시작했다. 보이지 않는 무형의 상품, 수많은 경쟁자, 다양한 판매 방식, 쉬워 보이지만 알면 알수록 복잡하고 어려운 전문분야, 고객을 발굴하고 내가 먼저 적극적으로 다가가야 하는 보험 세일즈는 영업 중에서도 가장 고난도의 직업 중 하나에 해당한다. 나는 보험 영업을 시작하면서 영업에 대한 사람들의 인식을 직접 마주하고 다양한 유형의 고객들을 접하며, 그들의 마음을 움직여 소비 결심으로 이어지게 만드는 과정 속에서 끊임없는 고민과 시행착오를 통해 하나씩 깨닫고 정립한 세일즈의 본질을 정리해보고자 책을 쓰기 시작했다.

세상에는 수많은 직업과 업무가 존재한다. 사업가, 전문직, 자영업자, 직장인 등 다양한 직업을 가진 사람들은 각자의 일에서 업무 내용, 방식, 수익구조 등의 차이가 있으나 이들은 모두 성취를 내고 수익을 발생시키기 위한 공통적인 활동을 한다. 바로 세일즈다. 우리는 모두 세일즈 활동에 직접적, 간접적으로 가담하고 있으며, 각자 생산, 서비스, 유통, 운송, 판매, 고객관리, 마케팅, 개발, 행정업무 등 수익을 창출하기 위한 세일즈 과정의 일부분으로써 업무를 수행하며 수익을 창출하고 있다.

내가 영업을 통해 배우고 느낀 세일즈의 본질은 사업, 장사, 강사, 전문직, 온라인 쇼핑몰 운영자, 쇼호스트, 코디네이터, 작가, 유튜버, 자동차 딜러, 상담직원, 공인중개사, 체육관 관장, 트레이너 등 온라인과 오프라인을 불문하고 개인 모두에게 적용될 수 있는 사항이다. 수익을 만들기 위해서는 제품 또는 서비스의 판매가 이루어져야 하며, 업무에 따라 다루는 정보와 업무, 패턴이 다를 수 있지만 모두 '사람의 관심을 끌고 만족시켜 이를 소비하도록 마음을 움직이는 세일즈 활동'이라는 공통점이 있기 때문이다. 본인의 업무가 직접적으로 판매와 연관되어있지 않더라도 직간접적인 방식으로 우리는 모두 세일즈 활동에 가담하고 있으며, 세일즈의 본질 중 하나인 '사람의 마음을 얻는 행위'라는 사실을 기준으로 생각하면 일상생활 속에서 사람들에게 나를 표현하고 타인의 인정을 받으며 원만한 인간관계를 유지하는 것, 좋은 사람과 긍정의 관계를 형성하고, 직장에서 인정받으며, 가족과 연인에게 사랑받는 것 또한 셀프 세일즈의 일종으로서 우리 모두에게 적용되는 사항인 것이다.

나는 영업을 통해 '세일즈의 본질'을 정립하고 성취를 이루어 두각을 나타낼 수 있다면, 다른 어떠한 일도 성취할 수 있을 것이라는 믿음으로 항상 새롭게 도전하고 배우기 위해 노력했다. 나는 세일즈의 본질에 대해 조금씩 정립한 가치들을 다양한 상황에 실제로 접목시키고 시행착오를 통해 하나씩 수정해나가고 검증하면서 더 큰 성취를 이룰 수 있게 되었으며, 그 과정 속에서 하나씩 쌓여 체득된 가치들은 고객을 상대할 때뿐만 아니라 내 삶 전체에 적용되어 더욱 윤택한 인간관계를 형성하고 그 안에서 행복을 찾을 수 있도록 도와주었다. 세일즈를 포함한 우리 삶의 여러 가치와 본질은 서로 밀접하게 연결되어 우리의 전반적인 삶에 영향을 미치기 때문이다.

세일즈는 표면적으로 판매 활동을 지칭하지만, 단순히 상품을 판매하는 것만을 의미하지 않는다. 판매를 위해 좋은 상품을 찾거나 개발하고 가망고객을 발굴하여 가치를 전달하며, 고객을 만족시켜 신뢰를 얻는 것, 이어서 폭발적인 판매로 연결시키는 모든 과정을 포함하기 때문이다. 그리고 세일즈의 과정에서는 판매를 수행하는 주체인 나 자신의 이성과 감정, 고객과의 상호작용 등의 요소들이 종합적으로 작용한다. 따라서 나 자신을 끊임없이 담금질하고 문제 상황을 극복할 수 있는 능력과 고객의 입장에서 생각하며 소통하는 능력을 계발하는 것이 성취를 달성하는 데 매우 중요한 부분을 차지한다. 이 책에서 다루게 될 세일즈의 본질과 이에 필요한 역량을 이해하고 갖출 수 있게 된다면, 당신은 어떠한 분야에서든 상상한 것 이상의 성취를 달성할 수 있게 될 것이다.

나는 '본질'이라는 단어를 좋아한다. 본질은 어떠한 현상을 성립시키는 근본에 해당하는 것으로 모든 사물과 현상에는 이를 공통으로 관통하는 본질이 존재하며, 우리는 본질을 마주함으로써 더 나은 의사결정과 행동, 결과로 나아갈 수 있다. 이 책에서는 세일즈에 초점을 맞추어 내용을 구성하였으나, 세일즈에 통용될 수 있는 본질은 우리 삶의 다른 분야에도 그대로 적용이 가능하다. 업무에서의 성취, 성공, 인간관계, 취업, 공부, 사랑 등 우리의 삶은 세일즈와 같이 모두 조직 속에서 다른 사람들과 사회적인 관계를 바탕으로 구성되어있기 때문이다. 우리가 현상의 표면이 아닌 본질에 집중할수록 우리의 삶은 더욱 윤택해지며, 행복하고 가치 있는 삶을 살 수 있을 것이라 믿는다.

우리가 하는 모든 일은 세일즈와 연관되어있다. 돈을 벌기 위해, 자아실현을 위해 각자 개인의 분야에서 사명감을 가지고 열심히 일하는 당신이 이 책의 내용을 통해 세일즈의 본질을 이해하고 더 큰 성취를 이룰 수 있기를 기대한다.

전 의 진

Chapter 5

두 번째 본질, 가치의 전달

세일즈 심리 이론

화법

Chapter
6

세 번째 본질, 확장

Chapter 7

마무리하며

우리는
세일즈의 세상에서
살고 있다.

세일즈의 가치

Chapter 1
세일즈의 가치

당신은 세일즈의 세상에 살고 있다

우리는 모두 소비활동을 하며 살아간다. 식재료를 사기 위해 마트에 가고 맛있는 음식을 먹기 위해 맛집을 검색해 식당에 방문하거나 스마트폰으로 배달 음식을 시킨다. 그리고 계절이 바뀌면 새로운 옷을 사기 위해 매장에 방문하고 스마트폰으로 온라인 쇼핑몰을 둘러본다. 또한 TV에서는 다양한 상품을 판매하는 홈쇼핑 채널이 별도로 운영되고 있으며 소비자들의 구매를 유도하기 위한 다양한 유형의 광고들이 각종 매체 및 영상을 통해 노출되고 있다.

우리 일상생활의 편의를 도와주는 서비스 또한 소비의 대상이다. 신체를 진료하고 치료 서비스를 제공하는 병원, 법률에 대한 전문지식을 제공하는 법률사무소, 신체를 단련할 수 있는 체육시설, 문화

생활을 누릴 수 있는 영화관, 놀이공원 등은 우리가 윤택하게 살아가기 위해 필수적으로 소비해야 하는 자원으로서 우리의 삶에 중대한 영향을 미치는 자산에 해당한다. 이러한 서비스들을 제대로 이용할 수 없게 된다면 삶의 질은 매우 떨어지게 될 것이다.

사람이 평생 소비하며 살아가야 하는 존재라면 반대로 제품과 서비스를 생산하고 판매하는 사람도 존재한다. 이 또한 소비를 담당하고 있는 우리 자신이다. 경제활동을 하는 사람이라면 모두 생산 및 판매의 과정에 직접적, 간접적으로 관여하고 있다. 기업의 사원, 식당의 요리사, 편의점 사장 및 계산원, 식자재 납품업자, 쇼핑몰 운영자, 운송업자, 제조업자 등 우리는 모두 소비를 하면서도 반대 활동인 생산 및 판매 활동에 깊은 관여를 하며 노동에 대한 대가를 사업소득 또는 급여로 받고 이를 통해 다시 소비를 반복한다. 즉, 우리는 소비와 생산, 판매의 순환 속에서 살고 있는 것이다.

우리의 삶 속에서 세일즈가 빼놓을 수 없는 요소라면 세일즈가 무엇인지 알아두어야 할 필요성이 대두된다. 세일즈를 제대로 이해하고 있어야만 판매자로서 더 큰 수익을 얻을 수 있으며, 소비자로서 더욱 합리적이고 윤택한 소비생활을 영위할 수 있을 것이기 때문이다. 하지만 이러한 판매 활동과 본인이 전혀 관련 없다고 생각하고 소비와 생산, 판매의 과정이 별개라고 생각하는 사람들 또한 많은 것이 사실이다. 그렇기에 판매의 영역은 실제 고객에게 상품을 판매하거나 협력, 가맹업체, 소비업체 등을 발굴하고 계약을 체결하는 영업직에게 국한되어 다루어지는 것이 일반적이었다. 하지만 시대가 변화함에 따라 다양한 직업이 발생하고 일반인이 판매를 경험할 수 있는 창구도 다양해졌다. 중고거래 플랫폼을 통해 우리가 사용하던 물건을 쉽게 다른 사람들에게 판매할 수 있게 되었고 스마트 스토어 등을 통해 개인의 인터넷을 통한 상품 판매 접근성이 높아졌으며, SNS, 영상 플랫폼을 통해 세상에 나를 드러내고 홍보하며, 판매하는 것이 우리의 일상생활 속에 자리 잡게 됨으로써 세일즈는 우리 모두와 연관되어있다는 인식이 확산되기 시작했고 이제는 우리 모두가 더 나은 삶을 위해 기본적으로 장착하고 있어야 하는 상식이 되었다.

세일즈 생존의 시대

수익이 창출되는 과정에서 세일즈가 동반되지 않는 경우는 없다. 판매와 관련 없는 직무를 수행하는 직장인에게 지급되는 급여까지도 그 원천은 모두 세일즈로부터 나오는 수익이기 때문이다. 상품을 만들어 고객에게 제공하는 데 발생하는 비용에 추가적인 가치를 붙여 가격을 설정하고 고객에게 판매하는 과정에서 수익이 발생한다. 발생한 수익은 다시 생산요소에 투입되며 직원에게 분배되고 분배된 금액은 다시 또 소비되는 과정이 반복된다. 생산과 소비의 순환은 거래를 통해 이루어지며 거래는 곧 소비이자 판매를 의미한다.

지금은 세일즈 생존의 시대다. 세일즈를 통해 상품을 판매하고 계약을 따내는 것은 단순히 수익을 더 많이 내는 문제를 떠나 생존과 직결되기 때문이다. 대기업, 중소기업, 식당, 온라인 쇼핑몰 등과 같은 각종 기업 및 개인사업자와 의사, 변호사, 회계사 등의 전문직을 영위하는 사람들 모두 자신을 적극적으로 드러내어 고객을 유치하고 판매하기 위해 노력해야만 살아남을 수 있는 세상이 되었다. 편의점 옆에 편의점이 있고 인터넷에 상품을 검색하면 수많은 판매자와 전문가가 나오는 환경 속에서, 식당을 차리면 손님이 알아서 찾아오고 사무실을 차리면 고객이 알아서 찾아오는 시대는 이제 과거가 되었기 때문이다. 그래서 세일즈는 이제 판매자에게 더욱 효율적인 판매를 위한 전략의 개념을 넘어선 생존의 영역이 되었다. 우리 주변 길거리에 새로운 가게가 생겨나고 사라지는 모습, 여러 스타트업이 생겨나고 도산하는 모습은 그들의 상품을 소비자에게 팔지 못하면 생존하지 못한다는 것을 직접적으로 보여주는 사례가 되며, 어떠한 업종에서도 세일즈에 대한 고민 없이 수익을 내고 성장하는 것이 불가능하다는 것을 일깨워주게 되었다.

'경영자'의 입장에서 생산과 경영을 효율적으로 하기 위한 방법은 이전부터 계속해서 다루어지면서 다양한 이론들이 연구되었다. 또한 '소비자'의 입장에서 합리적이고 똑똑하게 소비하는 방법은 각종 방송, 커뮤니티 등을 통해서 다루어지고 공유되면서 꾸준히 발전하고 있다. 하지만 '판매자'의 입장에서 상품을 더욱 효율적으로 판매하고 고객의 마음을 사로잡아 소비로 이어지도록 만드는 '세일즈' 분야는 별로 다루어지지 않고 있으며, 실제로 세일즈와 관련하여 배우고자 해도 관련된 정보와 지식을 얻기 힘든 것이 현실이다. 한 분야에서 큰 업적을 세운 사람의 성공담은 종종 보이지만, 개인의 성향과 적성,

타이밍과 운에 의해 이루어진 성공 스토리는 개인에게 적용하기에는 적절하지 않은 부분이 많고 보통 그러한 이야기는 세일즈에 대한 개념보다는 개인의 에피소드 위주로 구성되어 시대의 변화를 간과하고 보편적인 상황에 적용하기 어려운 경우가 대부분이기 때문이다. 그래서 나는 세일즈를 배워보고자 직접 영업에 뛰어들어 현장에서 부딪치며 세일즈에 대한 본질과 개념을 정립하기 위해 노력했다. 수많은 고객을 상대하고 끊임없이 고민하고 시행착오를 거치며 정립된 가치를 하나씩 적용해보고 검증하면서 세일즈의 본질과 개념을 조금씩 체계화시킬 수 있었고 더 큰 성취를 달성할 수 있게 되었다.

'세일즈'와 '돈'

'세일즈'는 돈이 순환하는 중간지점이다. 현금이 오고 가는 과정 속에는 반드시 판매와 소비가 존재하기 때문이다. 현금흐름이 발생하는 곳에는 부가가치가 발생하며 거래를 통해 소비자는 효용을 얻고 판매자는 수익을 얻는다. 즉 세일즈는 수익의 원천이 되는 활동이다.

'돈'은 거래의 매개체로서 핵심적인 역할을 담당한다. 돈은 우리 생활에 필수적인 자원으로서 우리의 삶의 질을 결정하고 더 많은 기회와 선택지를 제공하며, 시간, 건강, 사람들과의 관계에 영향을 미치는 요소로 작용하기 때문이다. 이 중에서도 개인의 시간을 벌어주는 '돈의 속성'은 그 시간을 활용하여 또 다른 가치를 만들 수 있는 기회를 제공하며 그 자체로 가치를 만드는 시스템을 형성해냄으로써 양의 순환고리를 형성한다. 돈으로 행복은 살 수 없지만, 돈을 현명하게 사용한다면 더욱 행복해질 수 있다는 것은 우리 모두에게 자명한 사실이다. 그리고 이렇게 우리 삶에 중요한 돈을 버는 가장 직접적이고 효율적인 방법이 바로 세일즈다.

부자가 되기 위해 반드시 알아야 하는 기술이자 이루어져야 하는 활동 또한 세일즈다. 어떠한 가치를 만들어내고 그 가치가 돈을 통해 고객에게 소비되어 금전적으로 쌓인 이익이 누적되고 누적된 금액이 다시 재투자되는 세일즈의 과정 속에서 규모의 증가를 통해 순환하는 돈이 증가하며 자연스럽게 부자가 되는 것이기 때문이다. 과거 돈을 착실히 모으고 저축하면 부자가 될 수 있었던 시절과는 달리 요즘은 단순 직장인의 월급으로는 내 집 마련조차 어려워진 것이 현실이 되었다. 더 많은 급여를 위한 이직 고민, 주식투자, 부동산과 같은 재테크 열풍이 식지 않고 계속되는 이유도 일정한 급여를 받는 직장인들이 본인의 현실 속에서 추가적인 수익 창출을 위한 부단한 노력의 일환인 것이다.

'흐름에 올라탄다는 말' 들어본 적이 있을 것이다. 흐름을 타면 어떤 일도 잘 풀리고, 잘 풀리는 일에는 가속이 붙는다. 바다의 흐름에 몸을 맡긴 유리병이 아무런 힘을 들이지 않고 먼바다를 건너는 것처럼 모든 일에는 흐름이 존재하며 흐름을 타게 되면 탄력이 붙는다. 마찬가지로 돈에도 흐름이 존재한다. 그리고 부를 축적하기 위해서는 화폐의 흐름에 올라타야 한다. 바다에서 배가 앞으로 나아가는 모습을 상상해보자. 바람과 바다의 흐름에 방향을 맞춘다면 아무것도 하지 않아도 배는 앞으로 나아갈 것이다. 반대로 가고자 하는 방향을 흐름과 반대로 설정한다면 배는 부단한 노력을 하더라도 제자리에 머물거나 바다의 저항으로 인해 배의 방향은 계속해서 흔들리게 될 것이다. 혹시 방향을 설정하지 않고 바다의 흐름에 몸을 맡긴다면 배는 그저 운에 따라 흐름에 떠밀려갈 것이다.

세일즈는 돈의 흐름이다. 흐름 그 자체이기에 세일즈는 돈을 벌 수 있는 가장 좋은 위치에 해당한다. 세일즈를 하면서 방향성을 흐름에 맞추고 앞으로 나아간다면 많은 돈을 벌 수 있을 것이며 반대로 잘못된 방향을 설정한다면 부단한 노력에도 돈을 벌지 못할 가능성이 크다. 그리고 흐름의 변화에 대응하여 방향을 전환하지 못한다면 나의 노력에 따른 성과가 아니라 흐름에 따라 발생하는 알 수 없는 위기와 고난, 행운에 의지해야만 하는 상황에 직면하게 될 것이다. 결국 배의 '키'를 쥔 나 자신이 방향을 어떻게 설정하느냐에 달린 것이다.

저축만 하고 투자를 하지 않는 것과 같이 돈을 움켜쥐고자 하는 행위는 지금 세상에서 부자가 되기 어려운 방법이 되었다. 새로운 시도와 투자를 어려워하고 현재에 안주하고자 하는 행위는 현금흐름의 저항을 불러일으키기 때문이다. 돈의 흐름에 올라타 현금을 순환시키고 더 큰 규모의 순환을 발생시키면, 파생되는 다양한 부가가치 속에서 수익은 자연스럽게 따라온다. 이제는 돈의 흐름을 타기 위해 세일즈에 대한 지식, 시장에 대한 거시적, 미시적인 관점과 안목, 통찰이 필요한 세상이 되었다.

세일즈는 기회가 넘치는 블루오션이다

경쟁이 계속해서 첨예해지고 복잡해지는 세일즈시장은 이미 포화상태에 있다고 볼 수 있다. 그렇다고 해서 세일즈가 기회가 없는 레드오션인가? 라고 물어본다면 여전히 세일즈는 기회가 넘치는 '블루오션'에 해당한다. 우리의 삶을 구성하는 거래 그 자체인 '세일즈'는 그 규모의 거대함으로 인해 여전히 수많은 기회가 존재하고 있기 때문이다. 다양한 재화와 서비스가 개발되는 만큼 소비자의 성향과 니즈도 세분화되고 있으며 상품에 대한 소비자의 접근성 또한 계속해서 높아지고 있다. 이런 상황에서 평범한 상품을 단순히 고객에게 노출하는 것은 이제는 큰 경쟁력으로 작용하지 않게 되었으며, 오히려 다변화된 소비자의 형태에 맞추어 특정 성향과 수요를 가진 고객을 찾고 이를 충족시켜 줄 수 있는 상품을 찾아 판매하는 것이 세일즈의 중요한 핵심 요소 중 하나가 되었다. 그래서 이제는 판매할 아이템을 선정하는 시점부터 어떤 성향의 고객을 찾고 판매하는 상품에 어떠한 차별화를 이룰 것이며, 어떠한 과정을 통해 판매할 것인지 더욱 구체적인 고민과 통찰이 필요하게 되었다. 이러한 내용에 대한 고려 없이 아이템을 선정하여 판매를 시작한다면, 어떤 상품 및 업종이냐에 따라 차이는 있겠지만 시행착오를 겪는 동안 생존 자체를 위협받는 상황에 직면하게 될 가능성도 존재한다.

세일즈시장의 기회는 무궁무진하다. 일반 수요층을 대상으로 평범한 상품을 판매하는 시장은 포화상태에 있지만, 기술의 발전과 변화 속에서 특정 수요층을 대상으로 하는 차별화, 특화 시장은 아직도 개척되지 않은 분야가 넘쳐나기 때문이다. 인터넷과 스마트폰 시장이 활성화되면서 고객과 상품, 소비자와 서비스를 연결시켜 주는 홈페이지, 모바일 기반의 새로운 플랫폼이 다수 출연하고 특정 성향과 수요를 가진 소비자들을 이어주는 커뮤니티, 카페, SNS 등이 활성화됨에 따라 새로운 유형의 산업이 대거 출연하게 되었다. 기술의 발전과 변화를 반영하여 특정 수요층을 노린 시장으로 배달 앱, 부동산 앱, 소개팅 앱, 커뮤니티 앱, 중고거래 앱 등이 대거 발생하였고 이를 통해 판매자는 특정 소비자에게 더욱 효율적으로 자신의 상품을 노출시켜 판매량을 증가시킬 수 있게 되었으며, 소비자는 자신의 성향과 니즈에 맞춘 상품에 대한 다양한 정보를 쉽게 얻고 편하게 소비할 수 있게 되었다. 또한 스마트 스토어, 재능 클래스, 아웃소싱 플랫폼과 같이 개인이 직접 상품을 만들어 판매할 수 있는 채널도 다양해지면서 판매에 대한 접근성도 증가하게 되어 세일즈시장은 계속해서 활성화되고 있는 상황이다.

시장의 변화에 맞추어 시스템을 새롭게 구축하고 고객의 세분화된 성향을 빠르게 파악하여 이에 맞춘 전략을 구상하는 능력은 세일즈에서 생존과 성장을 위한 필수 역량이다. 판매자는 소비자를 어떻게 유입시키고 관심을 끌 수 있을지 고민하며, 상품을 개발하고 고객을 만족시킬 수 있는 솔루션을 판매로 연결시켜 성취로 이어질 수 있는 답을 찾아나가야 한다. 그래서 판매자는 언제나 끊임없이 시도하고 새롭게 도전해야 하는 위치에 있다. 수동적이고 변화를 어려워하는 사람에게 세일즈는 레드오션이 될 수 있으나 끊임없이 시도하고 새롭게 도전할 수 있는 사람에게 세일즈는 기회가 넘치는 블루오션인 것이다.

주도적이고 진취적인 삶

세일즈는 가망고객 발굴부터 마케팅과 판매까지의 모든 과정을 의미한다. 그리고 여기에는 내가 먼저 고객에게 적극적으로 다가가야 한다는 공통점이 있다. 소비자가 찾을 수 있도록 오프라인 매장을 오픈하는 것, 관심을 끄는 상품 이름을 짓는 것, 키워드와 알고리즘을 분석하여 검색엔진 상위에 노출시키는 것, 소비자에게 설명을 정성스럽게 하는 것, 상품에 대한 확신을 심어주는 것, 고객관리를 하는 것 모두 수동적인 태도가 아닌 능동적이고 적극적인 자세로 고객의 니즈를 파악하고 만족시키기 위해 노력하며, 자신을 드러내고 어필하는 행위이기 때문이다.

세일즈에서는 적극적이고 능동적인 자세가 없으면 생존할 수 없다. 예를 들어 장사가 잘 안되고 손님이 찾지 않는 식당의 특징이 무엇이라고 생각하는가? 바로 사장이 수동적인 태도를 갖추고 있다는 것이다. 고객이 찾지 않고 장사가 되지 않는다면 전단지를 뿌리는 것과 같이 가게를 노출시킬 수 있는 다양한 판촉 활동을 시도하고, 음식이 맛이 없다면 새로운 레시피를 개발하거나 메뉴에 변화를 주고, 메뉴가 잘 팔리지만 수익이 잘 발생하지 않는다면 단가를 낮추기 위한 유통 경로를 알아보거나 회전율을 높이기 위해 음식의 조리시간을 줄일 수 있는 방법을 연구하는 등 다양한 시도와 도전을 통해 고객의 피드백을 확인하고 조정해나가는 적극적인 문제해결 노력이 필요하지만, 보통 장사가 잘 안되는 식당의 사장은 손님이 없으면 가만히 의자에 앉아서 TV를 보거나 걱정만 하는 경우가 많다. 문제가 발생했을 때는 이를 해결하기 위해 현실을 파악하고 개선하고자 하는 적극적이고 능동적인 의지와 해결 노력이 필요하다. 하지만 이런 상황에서 아무것도 하지 않으면 상황은 더욱 악화될지언정 더 나아질 가능성은 매우 희박하며 이런 상황에서의 이루어지는 성취는 순전히 운과 타이밍에 의해 결정되어 일정 수준 이상으로 성장하는 것 또한 불가능하다.

성취로 이어지는 과정에서 발생하는 실패와 시행착오는 성공으로 이어지는 당연한 과정이다. 처음부터 내가 판매하고자 하는 상품이 잘 팔릴 수도 있고 잘 팔리지 않을 수도 있지만, 더욱 중요한 것은 상황이 일어나고 난 다음에 어떻게 문제를 해결하고 성장할 수 있느냐에 대한 후속 조치 과정이다. 상품이 잘 팔리지 않는다면 이유를 찾고 수정해야 하며, 잘 팔린다면 그 이유를 찾고 발전시켜 더욱 잘 팔기 위한 방법을 강구해야 하는 것이다. 결국 문제해결의 열쇠는 능동적이고 적극적인 자세에 달려있다. 하고자 하는 사람은 문제를 해결할 방법을 어떻게든 찾아내기 때문이다.

이런 측면에서 세일즈는 주도적이고 진취적인 삶의 표본이다. 세일즈에서 성취를 달성하기 위해 요구되는 주도적이고 진취적인 역량은 우리 삶에도 긍정적인 영향을 미친다. 끊임없이 도전하는 태도, 주도적이고 진취적인 사고와 행동은 세일즈를 포함하여 우리를 더 나은 삶으로 이끌어주는 견인차의 역할을 수행한다.

세일즈를 통해
우리는
성장한다.

세일즈의
의미

Chapter 2
세일즈의 의미

세일즈란 무엇인가

자본주의 사회에서 우리가 살아가는 모든 자원은 '돈'을 통해 거래된다. '돈'은 우리가 소비하는 재화와 서비스의 가치를 판단하는 기준으로서 우리가 사람다운 삶을 살기 위한 모든 과정에 투입되는 자산이다. 돈은 판매와 소비를 통해 순환하는 과정에서 더 큰 부가가치를 형성하며 또다시 순환하는 과정을 반복한다. 소비자는 다양한 재화와 서비스를 구매함으로써 자신에게 발생하는 효용을 극대화하기 위해 노력하게 되었으며, 소비자의 변화에 따라 고객에게 상품을 제공하는 세일즈의 가치 또한 더욱 중요해지게 되었다.

세일즈란 무엇일까? 세일즈의 사전적 정의는 일정한 값을 받고 파는 행위를 의미한다. 다음의 두 가지 사례를 살펴보자. 시장에서 과일을 판매하는 과일가게 주인이 있다. 매일 아침 일찍 도매시장에 방문해 양질의 과일을 구매해서 신선하게 유지될 수 있도록 진열에 신경을 쓰고 있다. 한 손님이 가게에 방문하여 어떤 과일이 맛있는 과일인지 물어본다. 주인은 맛있는 과일을 구분하는 방법과 신선도를 유지하기 위해 어떻게 조치하고 있는지 자세하게 설명해주지만 다른 가게도 둘러보고 온 손님은 다른 곳이 조금 더 저렴한데 가격을 깎아줄 수 있냐고 물어본다. 주인은 과일을 하나 더 넣어주며, 자주 오면 더 많이 드리겠다는 말과 함께 손님에게 과일을 판매한다.

다음 사례를 살펴보자. 마찬가지로 과일가게에 손님이 방문한 상황이다. 하지만 이전과 다른 것은 다른 가게의 주인이 개인적인 사정으로 한동안 문을 닫은 상태라 이 과일가게가 현재 문을 열고 있는 유일한 과일가게라는 점이다. 주인은 이 점을 이용하여 전체적인 과일의 값을 올려 판매하지만, 과일이 먹고 싶고 특별하게 다른 선택지가 없는 손님은 가격이 더 높더라도 과일을 구매한다.

두 사례의 공통점과 차이점을 눈치챘는가? 공통점은 모두 판매자와 상품이 필요한 소비자가 만나 상품과 돈을 교환하는 거래가 이루어졌다는 점이다. 반대로 차이점은 첫 번째 사례는 소비자가 우위를 가지고 있는 거래이며, 두 번째 사례는 판매자가 우위를 가지고 있는 거래라는 점이다. 이러한 상황을 소비자 우위, 판매자 우위의 시장거래라고 한다.

앞의 두 사례를 보면 재화와 서비스를 판매하는 과정인 세일즈는 내가 고객을 선택하는 것 또는 고객에게 선택받는 것이다. 하지만 우리가 살아가는 현실에서 두 사례 중 어떤 경우가 더욱 일반적이고 보편적이라고 생각하는가? 고민해본다면 당연히 소비자가 우위를 가지고 있는 첫 번째 사례가 우리 일상 속에서 자주 접할 수 있는 상황이라는 것을 알 수 있을 것이다. 현실 속에서는 특정한 몇 종류의 상품을 제외하고는 하나의 재화 및 서비스에도 수많은 종류의 상품들이 존재한다. 과거 소비자에게 정보가 부족하고 상품이 부족해 생산만 잘 이루어지면 판매가 잘되던 시절과는 달리 이제는 하나의 상품, 하나의 업종에도 고객에게 수많은 종류의 비교군과 선택지가 주어진 세상이 되었다. 점심을 시켜 먹고자 배달 앱에 음식을 검색하면 수많은 업체가 뜨고 펜 하나를 사기 위해 문구점에 방문해도 수많은 종류의 펜이 나열되어있는 것이 현재 시장의 모습이다.

당신이 사용하고 있는 재화와 서비스 중 하나만 떠올려보자, 당신이 재화와 서비스를 구매할 때에 내가 구매한 상품만 존재했는가? 수많은 선택지가 있었고 그중에 하나를 선택하지 않았는가? 그렇다면 당신은 무엇을 기준으로 선택했는가? 가격? 아니면 디자인? 제품의 질? 브랜드 이미지? 구매 당시 느꼈던 감정? 유행? 판매자와의 관계? 기존의 구매 경험? 사람들의 후기? 앞의 질문에 대해 성실하게 고민해봤다면 이제 눈치챘을 것이다. 대부분의 상황 속에서 거래의 주도권은 결국 지갑을 여는 소비자에게 있다는 사실, 그리고 소비자에게 상품을 판매하기 위해 판매자가 어떤 부분을 고민해야 하는지 말이다.

이제는 오히려 넘치는 정보와 수많은 상품으로 인해 올바른 정보를 구별하고 자신에게 맞는 좋은 상품을 찾는 것이 소비자들이 새롭게 직면한 과제가 되었다. 상품 정보에 대한 접근성이 증가하면서 올바른 정보를 제공하는 판매자에 대한 신뢰의 가치가 더욱 중요해지게 되었고 소비자가 똑똑해지는 것과 동시에 판매자 사이의 경쟁은 점차 치열해지고 있다. 하나의 업종에도 수많은 업체가 즐비하며, 하나의 재화와 서비스에도 수많은 상품이 존재한다. 이에 따라 더욱 경쟁력을 갖춘 차별화된 아이템, 상품 판매 방식의 중요성이 부각되었으며, 생산자, 판매자 우위의 시장이 소비자 우위의 시장으로 변화되면서 고객에게 어떻게 상품을 노출시키고 상품의 장점을 어필하여 구매로 이어지게 만들 수 있느냐가 세일즈의 성패에 결정적인 요소로 작용하게 되었다.

앞에서 설명한 내용을 바탕으로 세일즈가 무엇인지를 다시 한번 생각해보면, 세일즈의 주체는 판매자이지만 판매로 이어지는 것은 결국 소비자의 선택이다. 우리는 이 책을 통해 고객에게 선택받기 위한 상품의 조건, 판매자에게 필요한 태도와 역량, 기술, 소비자에 대한 분석, 시스템적인 환경 등 세일즈의 본질 속 가치에 대해 하나씩 다루게 될 것이다.

세일즈는 사람의 마음을 얻는 것

세일즈는 소비자를 만족시켜 선택을 받는 과정이다. 그리고 그 과정은 하나의 변수에 의해 좌우되는 단순한 것이 아닌 판매자와 소비자의 조건과 둘 사이의 수많은 상호작용에 의해 이루어진다. 고객의 소비를 이끄는 요소인 가격, 상품의 질, 브랜드, 후기, 경험, 관계, 고객관리 등은 공통점이 있다. 바로 고객의 '마음'을 움직이는 가치라는 것이다. 한번 생각해보자, 마음에 들지 않는 옷을 돈을 주고 산 적이 있는가? 마음에 들지 않는 옷이라면 누가 공짜로 주더라도 입지 않는 것이 일반적이다. 스마트폰을 사려고 하는데 매장 직원이 불쾌하게 굴어 기분이 상한다면? 스마트폰은 다른 매장에서도 얼마든지 살 수 있으므로 굳이 그 매장에서 구매하지 않아도 될 것이다. 치킨을 배달시켜 먹으려고 하는데 다른 고객들의 후기가 별로라면? 다른 업체를 고르거나 조금 더 비싸더라도 사람들의 반응이 좋은 치킨을 주문하게 될 것이다.

이처럼 소비자가 상품을 구매하는 결정요소는 다양하고 그들의 성향과 취향에 따라서 크게 달라진다. 따라서 판매로 이어지기 위해서는 보편적인 소비자의 만족을 이끌기 위한 요소를 반영하든, 개별적으로 취향을 저격할 수 있는 상품을 개발하여 특정 소비자층을 유입시키든 결과적으로 고객의 마음을 얻어야 한다. '사람의 마음을 얻는 것'은 세일즈의 본질 중 하나에 해당한다.

사람의 '마음'은 판매자의 인격과 성품, 친근감, 전문성과 같은 내면적인 요소와 상품의 경쟁력, 소비자와의 소통 과정에서 이루어지는 질문, 화법, 단어, 용모, 환경 등 다양한 요소에 영향을 받는다. 상품의 특정 기능이 소비자의 구매 결심을 이끌어내는 만족 포인트가 되기도 하며, 판매자가 던지는 질문 하나가 상품에 대한 니즈를 증폭시켜 상품에 대한 관심과 몰입도를 높이기도 한다. 또한 판매자의 신체적, 성격적인 매력이 소비자에게 신뢰를 형성하여 소비를 이끌어내기도 한다. 특정 상황과 환경에서 어떠한 요소가 소비자의 마음에 영향을 미치는지를 알게 되면 해당 역량의 개발, 시스템적인 장치와 도구를 통해 마음을 사로잡는 것이 가능해진다.

사람의 마음을 얻기 위해 알아야 하는 가장 중요한 사실 중 한 가지는 상대방에게 도움이 되는 사람이어야 한다는 점이다. 당신이 도움을 주기 위해서는 먼저 상대방의 니즈가 있어야 한다. 그것은 정보가 될 수도 있고 물질이 될 수도 있으며, 육체적이고 정서적인 부분에 대한 충족이 되기도 한다. 현재 당신의 마음을 얻은, 당신이 좋아하는 사람을 떠올려보아라. 아마 그 사람은 어떤 식으로든 당신에게 도움이 되고 긍정적인 영향을 미치는 사람일 것이다. 마찬가지로 판매자는 소비자가 떠올릴 때 도움이 되고 긍정적인 영향을 미치는 사람이 되어야 한다. 따라서 판매자는 니즈를 갖춘 소비자에게 전문가이자 조력자의 위치를 고수해야 한다. 소비자가 무엇을 원하는지 모른다면 이를 일깨워주고 가치를 판단하지 못한다면 가치를 대신 판단해주는 것이 아니라 스스로 판단할 수 있는 기준을 세워주며 필요한 재화나 서비스가 있다면 이를 찾을 수 있도록 도와주는 역할이다. 소비자에게 마음을 얻으면 판매는 다양한 상호작용의 과정 속에서 자연스럽게 이루어지며 다양한 부가가치를 형성한다.

세일즈에서 소비자의 마음을 얻어 판매를 하는 당신이 반드시 명심해야 하는 것은 소비자와 '협상'을 하는 입장이 아니라는 것이다. 세일즈는 서로의 필요가 만나 이루어지는 거래이지만, 소비자 우위의 시장에서 판매자는 소비자와 협상하는 위치가 아닌 철저하게 선택받는 입장에 있기 때문이다. 세일즈를 협상으로 착각하는 판매자들은 소비자를 만나 본인이 원하는 내용을 소비자에게 요구하고 자신과 고객의 강점과 약점을 활용하여 본인에게 더욱 이득이 되는 결과를 만들기 위해 노력한다. 대표적으로 상품의 장점을 열거하며 고객에게 구매를 제안하고 소비자의 무지를 이용하여 이득을 취하려 하는 행동들이다. 하지만 소비자들은 휘둘리는 느낌을 좋아하지 않으며 판매자와 상품을 선택하기를 원한다. 판매자가 소비자의 특성을 분석하여 더 나은 성취를 달성하기 위해 노력하는 것은 당연한 것이지만 세일즈는 협상이 아닌 선택을 받는 과정이기에 달리 적용되어야 하며, 도움을 주는 존재라는 위치를 철저하게 유지해야 하는 것이다.

수많은 선택지를 가진 소비자 우위의 시장에서 소비자는 스스로 선택하는 자유를 중요하게 생각한다. 그래서 판매자의 의도대로 끌려가는 상황에 저항감을 느낀다. 2000년도 초중반 동대문의 옷가게들을 떠올려보자. 가장 먼저 떠오르는 이미지는 공격적이고 강압적인 세일즈 방식이다. 일단 입어보게 만들고, 사지 않으면 안 될 것 같은 상황을 조성하고, 고객과 가격을 협상하면서 고객에게 정보가 부족한 것을 이용하여 최대한 비싸게 팔려고 하는 경우가 많았다. 그들은 뛰어난 판매자라기보다는 협상의 고수들이었으며, 그때는 이러한 방식의 협상이 충분히 소비자에게 적용될 수 있었다. 다양한 종류와 디자인의 옷을 취급하고 저렴한 가격에 구매할 수 있는 동대문 시장은 공격적이고 강압적인 판매 방식에서 발생하는 저항감과 반감에도 불구하고 소비자가 협상에 응할만한 충분한 매력이 있었기 때문이다. 하지만 지금은 어떠한가? 수많은 매장과 인터넷을 통해 다양한 옷을 쉽게 찾을 수 있고 저렴하게 구매할 수 있는 상황에서 고객은 협상하려 하는 판매자에게 구매할 매력을 느끼지 못한다. 이제는 상품에 가격표가 붙어있지 않은 것 자체를 이상하게 느끼는 소비자도 많아졌다. 현재 과거 동대문 시장 옷가게의 판매 모습이 거의 남아있지 않다는 사실은 소비자와의 협상의 여지가 많이 사라졌다는 것을 의미한다. 사람은 생각과 감정의 흐름이 타인에 의해 영향을 받을 때 저항감을 느끼며 이러한 반감은 소비자의 '마음'을 떠나게 만드는 주요한 요인으로 작용한다.

앞의 사례에서 얻을 수 있는 시사점이 있다. 당신이 거래에서 주도권을 쥐고 소비자와 협상할 수 있는 조건이 갖춰지려면 당신이 판매하는 재화 또는 서비스에 희소성이 있어 그만큼 소비자에게 매력적으로 작용하거나 소비자의 정보 접근성이 낮아야 한다는 것이다. 따라서 당신이 주도권을 쥐고 싶다면 당신만의 차별화된 아이템 또는 협상의 여지가 있는 가망고객을 발굴하거나 이미 협상의 모습이 갖추어진 업종을 선택해야 한다. 수량이 한정적이고 정보 접근성이 낮은 중고차, 부동산 시장 등에서는 지금도 가격 협상이 이루어진다.

이런 점을 참고하여 당신의 판매상황에 적용하고 판매의 방향성을 설정해야 할 것이다.

　소비자는 스스로 선택하는 자유를 중요하게 생각한다. 그렇다면 판매자는 어떻게 소비자의 마음을 얻을 수 있을까? 앞에서 설명한 것과 같이 '조력자'로서 함께하는 것이다. 필요할 때 옆에서 도움이 되는 사람이 되는 것은 마음을 얻기 가장 좋은 방법이기 때문이다. 하지만 여기서 중요한 점은 도와주는 과정에서 고객의 생각과 감정의 흐름에 직접적인 개입을 해서는 안 된다는 것이다. 소비자와 자연스럽게 소통하는 과정에서 소비자가 스스로 상품이 필요하다고 느끼게 만들고, 만족하여 구매를 결심할 수 있도록 영향을 주어야 한다. 여기에는 판매자의 전문성과 헌신, 심리학적인 고급기술 등과 같은 전문역량이 필요하다. 서투른 판매자는 소비자를 자신이 원하는 방향으로 이끌기 위해 고객의 생각과 감정에 개입하지만 노련한 판매자는 소비자의 앞에 자신이 의도하는 방향으로 길을 만들고 고객이 스스로 길을 나아가도록 이끈다.

　세일즈에서 성취를 내는 사람은 타인의 마음을 얻는 방법을 아는 사람이다. 그래서 이들은 세일즈뿐만 아니라 인간적으로 매력이 있고 의사소통에 능하며 인간관계 능력이 뛰어난 경우가 많다. 사람의 마음을 얻는다는 본질은 세일즈뿐만 아니라 사회적 관계 속에서 살아가는 우리 삶의 전체에 적용되어 더 큰 성취를 만들고 행복을 이끄는 요소로 작용한다.

시행착오, 실패의 중요성

"실패는 성공의 어머니"라는 말이 있다. 사전적 의미를 살펴보면 실패는 성공과 서로 반대되는 개념인데 왜 이런 말이 생겨난 것일까? 바로 실패는 성공으로 이어지는 과정이기 때문이다. 성공으로 이어지는 과정에서는 크고 작은 많은 실패가 존재하기 마련이다. 성공한 사람들 중 크고 작은 실패를 경험한 적 없다고 말하는 사람을 본 적이 있는가? 실패의 경험 없이 성공한 사람이라면 정말 운이 좋은 사람일 것이며, 실패의 중요성을 깨닫지 못한 채 성취를 달성했다면 이미 이룬 성공도 금방 무너질 가능성이 크다. 그만큼 실패는 성공에 중요한 역할을 하기 때문이다. 사람은 인생의 과정에서 크고 작은 수많은 실패를 경험한다. 실패를 통해 배운 교훈은 사람을 성장시키고 같은 내용으로 실패를 할 가능성을 감소시켜 사람을 성공으로 이끄는 실력을 형성한다.

누구나 실패 없이 성공하고 싶다. 하지만 아무리 실력이 뛰어난 사람도 실패한다. 그래서 지혜로운 사람은 이 사실을 인지하고 다양한 시도를 통해 의도적인 작은 실패를 경험하며 성공을 향한 방향성을 설정한다. 바로 시행착오를 통해 배우는 성장이다. 큰 실패와 작은 실패는 그 규모에 차이가 있을 뿐 그 본질은 동일하므로 작은 실패와 시행착오를 통해 배우고 성장함으로써 성공의 가능성을 높이고 실패의 가능성을 낮출 수 있다. 그리하면 실패는 성공의 발판이 된다. 집을 중개하는 공인중개사를 예로 들어보자. 고객을 만나는 순간부터 매물에 대해 설명하고 계약으로 이어지기까지는 수많은 과정이 존재할 것이며, 그 안에서 무수한 시행착오를 겪을 수 있을 것이다. 고객에게 다른 인사말을 건네보고 자기소개를 다르게 해보고, 매물에 대한 설명을 다르게 하거나 고객관리 방식에 변화를 주는 등 다양한 방식을 시도하고 고객의 반응을 확인하면 더 높은 계약으로 이어질 수 있는 방향성을 설정할 수 있게 될 것이다. 고객 피드백과 성과 분석을 통해 고객에게 부정적인 반응을 이끄는 방식은 제외하고 좋은 반응을 이끌어내는 방식은 적극적으로 활용하며 이를 조금씩 수정하고 발전시켜나가다 보면 보다 많은 사람에게 공통적으로 좋은 반응을 이끌어낼 수 있고 이는 더 많은 판매와 수익이라는 결과로 이어질 것이다.

위 내용과 같이 의도적으로 시행착오를 경험하면 더 나은 결과를 만들 수 있는 것이 명백하다. 하지만 많은 사람들은 일을 처리하는 데 있어 새로운 시도를 하는 것을 꺼리고 자신이 하던 방식을 고수한다. 왜 그럴까? 첫 번째 이유는 새로운 시도를 하는 과정에서 결과가 더 나빠질 가능성이 있기 때문이다. 떡볶이집에서 새로운 메뉴를 개발했는데 평이 좋지 않고 오히려 매출이 떨어져버린다면? 시간과 노력을 투자했지만 오히려 수익은 떨어지는 상황이 발생할 수 있을 것이다. 투자한 시간과 노력의 인풋만큼 아웃풋이 나오지 않는 것에 대한 두려움이 원인이다. 두 번째 이유는 의식적인 노력에 대한 어려움이다. 현재 상황을 개선하고 더 나은 결과로 이끄는 과정은 이미 습관이 된 익숙해진 방식에 변화를 주어야 하는 상당한 에너지가 소모되는 작업이다. 나의 상황을 인식하고 개선점을 파악하고 분석해 현재 상황에 의식적인 변화를 주고 이를 또다시 숙달하며 다시 상황을 점검하고 조정하는 과정은 이미 기존의 방식이 익숙해진 사람에게 정신적, 신체적인 피로감을 불러오기 때문이다. 이 두 가지 이유는 새로운 시도를 주저하도록 만드는 원인이지만, 더 많은 성취와 성장을 원하는 사람이라면 당연히 극복해야 하는 과제에 해당한다. 새로운 떡볶이 메뉴를 개발해서 실패할 수도 있겠지만 반대로 소비자의 취향을 저격해 유명해지고 엄청난 매출의 증대로 이어질 가능성도 있는 것 아닌가? 하지만 아무런 변화와 시도를 하지 않는다면 엄청난 행운이 다가오지 않는 이상 수익의 변화 또한 이루어지지 않을 것이 명백할 것이다. 새로운 시도와 도전에서 발생하는 시행착오는 수익의 증대와 규모의 성장을 바란다면 극복해야 하는 과제가 아니라 반드시 해야만 하는 의무에 해당한다. 현명한 판매자는 의도적인 시행착오를 겪기 위해 자신의 상황을 객관화시켜 판단하고 꾸준히 개선해나가기 위한 의식적인 노력을 반복한다. 그리고 이 과정에서 성공으로 이어지는 길을 발견한다.

시행착오를 겪는 과정에서는 요구되는 자질은 자신을 객관화하여 부족한 점을 인식하고 이를 개선할 수 있는 메타인지 능력이다. 메타인지 능력은 자신의 상황에서 문제점을 찾고 해결할 수 있는 지능을 의미한다. 외부의 원인과 내부의 원인을 분석하고 현재 자신의 상황을 객관적으로 판단할 수 있어야 현재 자신에게 부족한 부분을 확인하고 어떠한 개선 노력을 해야 하는지 알 수 있다. 곱셈의 개념이 이해가 되지 않는다면, 그 원리에 해당하는 덧셈에 대한 개념을 익히고 이를 수월하게 풀기 위해 구구단을 외우는 노력이 필요한 것이지 곱셈 문제를 더 많이 풀어보는 것은 큰 도움이 되지 않는 것이다. 메타인지는 상황에 맞는 조치가 이루어질 수 있도록 노력의 종류와 방향을 설정하는 능력이다. 그리고 노력의 종류와 방향이 올바르게 설정되었을 때 당신의 노력은 성취를 만들어낸다.

실패가 성공의 발판이 되기 위해서는 전제조건이 하나 있다. 바로 실패에도 불구하고 계속해서 시도하고 도전해야 한다는 것이다. 성공으로 이어지는 과정에서 발생할 수 있는 실패에서 새로운 시도와 도전을 하지 않고 멈추게 되면, 성공이 아닌 우리가 일반적으로 생각하는 실패로 마무리되기 때문이다. 그렇다면 어떻게 계속해서 시도하고 도전할 수 있을까? 한 번의 실패가 마지막이 되지 않을 수 있도록 큰 실패가 아닌 의도적인 작은 실패를 경험해보는 것이다. 치킨집 창업을 준비 중인 예비 사장이 있다고 가정해보자. 사업은 성공과 함께 실패라는 리스크를 함께 가지고 있으므로 창업을 한다면 실패할 경우의 경제적인 손해를 감수해야 한다. 처음부터 큰 가게로 시작해서 잘 된다면 다행이겠지만, 혹시 잘 안 풀려서 가게를 내놓는 상황이 발생했는데, 가게에 본인 자본의 대부분을 투자한 상황이라면 다른 무언가를 다시 시작할 여력이 남아 있겠는가? 그렇다면 작은 규모로 시작하거나 상대적으로 적은 투자비용이 발생하는 배달전문점으로 시작하는 것이 혹시 실패하더라도 다시 도전해볼 수 있는 여력을 남기는 행위가 될 것이다. 다시 도전하고 시도해볼 수 있는 여력을 남기지 않는 도전과 시도는 성공으로는 이어지는 과정이 아닌 단순한 도박일 뿐이다.

실력은 실패와 시행착오를 경험하고 이를 극복하기 위해 노력하는 과정 속에서 형성된다. 실력 없이 이루어진 성취는 순전히 운에 의존한 것으로 실력에 맞는 위치로 당신을 다시 끌어당긴다. 행운에 의해 이루어진 성취는 불운에 의해 무너지지만, 실력에 의해 만들어진 성과는 당신이 더 높은 성취를 달성할 수 있는 발판을 제공한다.

실패하지 않는 방법

실패하지 않는 방법이 있다. 바로 아무것도 하지 않는 것이다. 아무것도 하지 않으면 아무 일도 일어나지 않으므로 실패할 일도 일어나지 않기 때문이다. 사람은 계속해서 시도하고 부딪히며 이를 극복하는 과정 속에서 성장하지만, 실패하고 상처받기를 두려워하면 성장할 수 없고 아무것도 성취할 수 없다. 실패를 두려워하지 말아야 한다. 지금 당신이 현실 속에서 해결해야 하는 정신적, 신체적, 금전적인 문제들 속에서 발생하는 여러 실패와 그 안에서 발생하는 스트레스는 성장통이다. 당신이 고민하고 힘들어하는 만큼 당신은 더 크게 성장하고 더 많은 성취를 이룰 수 있게 될 것이다.

가치를
만들고 보여주고
판매하라.

세일즈의
본질

Chapter
3

Chapter 3
세일즈의 본질

소비자가 구매를 결정하는 요인

당신이 세일즈를 하는 사람이라면 소비자의 구매에 영향을 미치는 요소에 대해 당연히 알아야 한다. 수많은 선택지를 가진 소비자가 상품에 대한 소비를 결정하는 요인은 어떤 것이 있을까? 다양한 요인이 있겠지만 그중에서 핵심인 첫 번째는 판매하는 제품 및 서비스에 대한 만족이며, 두 번째는 판매자에 대한 신뢰다.

소비자가 구매를 결정하는 핵심 요인 중 먼저 제품 및 서비스, 즉 상품에 대한 만족에 대해 이야기해보자. 소비자는 상품에 대해 만족할 때 구매를 결정한다. 노트북을 산다고 가정한다면 당신은 여러 종류의 노트북 중에서 어떤 것을 구매하겠는가? 선호도에 따라 사양, 기능, 디자인, 무게, 크기, 가격 등을 고려하여 당신에게 가장 만족스러운 효용을 주는 상품을 선택할 것이다. 가격이 저렴하더라도 디자인이 만족스럽지 않으면 당신은 구매를 결정하지 않으며, 디자인이 만족스럽더라도 가격이 비싸다고 생각하면 당신은 구매를 결정하지 않을 것이다. 만족스럽지 않기 때문이다. 상품이 가지고 있는 여러 요소는 종합적으로 소비자에게 인식되며 니즈를 충족하고 만족을 느낄 때 비로소 구매에 대한 결심이 이루어진다.

이번에는 판매자에 대한 신뢰에 대한 예를 들어보자. 당신이 암으로 인해 수술을 받아야 하는 상황이라면, 우리나라의 수많은 병원 중에서 당신은 어느 병원의 어느 의사에게 수술을 받겠는가? 암수술이라는 의료서비스는 하나의 상품이다. 작은 병원보다는 큰 병원에서, 짧은 경력보다는 오랜 경력을 갖춘 저명한 의사에게 수술을 받고 싶을 것이다. 신뢰할 수 있기 때문이다. 소비자의 정보 접근성이 낮은 일반적인 시장에서 판매자에 대한 신뢰는 소비자의 구매 결정에 결정적인 요인으로 작용한다.

위 사례에서 알 수 있는 중요한 사실은 상품에 대한 정보 접근성이 낮고 소비자의 삶에 더 큰 영향을 미치는 상품일수록 판매자에 대한 신뢰가 구매에 더 큰 영향력을 미친다는 것이다. 반대로 소비자의 정보 접근성이 높고 당신의 삶에 큰 영향을 미치지 않는 상품일수록 판매자에 대한 신뢰보다는 소비자의 상품에 대한 만족이 구매에 더 큰 영향력을 행사한다. 당신이 아이스크림을 사 먹는다고 가정해보자, 해당 아이스크림은 당신이 이미 알고 있는 맛이고 수많은 매장에서 판매하고 있다. 그렇다면 누가 판매하느냐는 사실보다는 당신의 기호와 가격이 구매에 중요한 영향을 미치게 될 것이다. 마찬가지로 시장에서 나물을 살 때 저렴한 가격에도 불구하고 가격을 깎고 싶은 이유는 나물이 엄청 신선하고 다른 상품에 비해 맛이 차별화되어있지 않은 이상, 당신이 구매를 결정하는 과정에서 상품에 대한 비교우위를 느낄 수 있는 부분은 가격밖에 없기 때문이다.

하지만 당신이 한번 사면 수년 이상 사용하게 될 가전제품을 산다면 선택의 기준은 달라진다. 당신이 가장 먼저 둘러볼 상품은 아마 많은 사람들이 구매하는 브랜드 상품일 것이다. 여러 사람이 구매하는 브랜드 상품이기에 기능적인 측면이나 내구성, 품질보증, 고객서비스 등의 측면에서 더욱 안전하고 믿을 수 있다고 생각하며, 상품의 가치로 전환되는 브랜드 이미지 또한 상품을 선택하는 요소로 작용한다. 비슷한 기능을 갖춘 냉장고지만 유명한 브랜드와 처음 보는 브랜드의 상품이 있다면 당신은 어떤 상품을 선택할 것인가? 비용이 더 들더라도 신뢰하는 브랜드의 냉장고를 사는 것이 당신에게 훨씬 큰 안정감과 만족감을 줄 가능성이 높다. 브랜드가 형성하는 신뢰의 가치가 상품에 반영되어 비교의 기준이 달라진 것이다. 앞에서 언급했던 의료서비스와 같이 소비자의 정보 접근성이 낮고 삶에 영향을 크게 미치는 상품일수록 판매자에 대한 신뢰는 소비자의 구매에 결정적인 영향을 미친다.

상품에 대한 만족과 판매자에 대한 신뢰는 소비자가 상품을 구매하게 되는 결정적인 요인이다. 그렇다면 이를 당신에게 적용시켜보자. 당신은 지금 어떤 상품을 판매하고 있는가? 소비자가 구매를 결정하는 핵심 요소에 대해 이해했다면, 판매하는 상품에 따라 당신이 집중해야 하는 부분이 어떤 것인지를 찾을 수 있을 것이다. 당연히 소비자의 만족과 신뢰를 모두 충족시키기 위해 노력해야 하겠지만, 당신이 일반 기성품을 판매한다면 소비자를 만족시킬 수 있는 경쟁력 있는 상품을 발굴하는 것에 더욱 집중해야 한다. 음식을 판매한다면 차별화된 맛과 가격, 생활용품을 판매한다면 특별한 기능, 편리성, 가격 등에서의 비교우위를 갖추는 것이다. 반대로 당신이 판매하는 상품이 정보 접근성이 낮거나 소비자의 삶에 더 크고 오랜 기간 영향을 미치는 상품이라면 당신이 소비자에게 더 큰 신뢰를 얻을 수 있는 방법을 강구해야 한다. 판매자에 대한 신뢰가 곧 소비자의 만족으로 연결되기 때문이다. 판매자의 전문성, 회사의 안정성, 사후 서비스, 보증기간, 고객서비스, 후기 등 신뢰를 형성하는 요소는 고객이 상품을 구매하는 핵심 요인으로 작용한다.

뒤에서 자세하게 다루겠지만, 소비자에게 가장 큰 만족을 가져다주는 상품은 판매자에게 가장 큰 수익을 가져다주는 주력상품이 되며, 판매자에 대한 신뢰는 브랜드가 되어 판매자를 상징하는 이미지가 된다. 당신이 소비자가 구매를 결정하는 두 가지 핵심 요소를 이해하고 충족시킨다면, 세일즈는 당신에게 수익을 가져다주는 것뿐만 아니라 규모의 확장을 통해 성공으로 이어지는 징검다리가 될 것이다.

세일즈의 본질

소비자의 만족과 판매자에 대한 신뢰가 충족된다면 당신은 어떤 것이든 판매할 수 있다. 세일즈는 소비자가 구매를 결정하는 핵심 요인인 제품과 서비스에 대한 소비자의 만족과 판매자에 대한 신뢰를 통해 판매로 이어지도록 만드는 과정이다. 그리고 '판매 행위'는 단순히 판매로 끝나는 것이 아니라 판매된 상품과 고객을 활용하여 더욱 폭발적인 성장을 가능하게 만드는 힘이다. 세일즈의 본질은 여러 분야와 단계로 구성되어 유기적으로 연결되며, 크게 세 가지 단계로 분류할 수 있다.

세일즈에서 가장 중요한 첫 번째 본질은 판매자의 가치와 제품 및 서비스에 대한 가치를 높이는 것이다. 분야에 대한 전문성, 정직함, 소비자를 위한 정성, 태도, 의사소통 능력, 문제해결에 대한 의지 등의 요소는 판매자의 가치를 형성하며, 가격, 질, 디자인 등의 요소는 상품의 가치를 형성한다. 그리고 판매자와 상품의 가치는 소비자의 니즈와 연결되어 판매로 이어진다. 소비자는 니즈를 충족시켜 줄 수 있는 판매자와 상품을 찾으며 그 가치가 클수록 더 큰 만족과 신뢰를 느끼고 상품을 구매하기 때문이다.

판매자와 상품의 가치는 소비자에게 만족과 신뢰를 형성한다. 많은 사람들이 중요하게 생각하는 판매 전략과 기법들은 판매자가 가지고 있는 가치를 효율적으로 소비자에게 전달하고 표현하는 방법이지 판매자와 상품에 없는 가치를 만들어주는 것이 아니라는 점을 명심해야 한다.

　개인 미용실을 운영하는 헤어 디자이너가 있다고 하자. 매장이 아무리 화려하고 세련되었다고 한들 디자이너에게 실력이 없다면 결과에 만족하지 못한 고객은 다시 찾아오지 않을 것이다. 또한 디자이너가 실력이 있다고 하더라도 고객에게 친절하게 대응하지 않고 불쾌감을 준다면 이에 반감을 느끼는 고객이 다시 찾아올 가능성은 낮을 것이다. 세일즈에서 판매자의 가치와 상품의 가치라는 본질은 숨기려고 해도 결국 겉으로 드러나게 되며 자연스럽게 성취로 연결된다. 따라서 세일즈에서 더 큰 성취를 달성하기 위해 가장 먼저 갖추어야 하는 것은 판매자와 상품의 가치, 즉 세일즈의 첫 번째 본질을 충족시키는 것이다. 그렇기에 판매자는 가치를 형성하기 위해 다양한 시행착오와 성찰을 통해 실력을 쌓고 성장해야 하며, 소비자가 만족할 수 있는 상품을 발굴하고 개발하여 소비자의 니즈에 맞춘 최적의 상품을 제공해줄 수 있어야 한다. 가치를 높이기 위한 끊임없는 노력이 필요한 것이다.

　하지만 세일즈에서 판매자와 상품이 충분히 가치를 갖추고 있다고 하더라도 그 가치가 곧바로 판매로 이어지는 것은 아니다. 왜냐하면 처음 판매자와 마주하고 상품을 접하는 소비자는 판매자와 상품의 가치를 전혀 알지 못하기 때문이다. 그래서 가치를 소비로 연결시켜 수익을 발생시키기 위해서는 소비자에게 판매자와 상품의 가치를 올바르고 효과적으로 전달하는 과정이 필요하다. 가치를 소비자에게 전달하여 만족시키고 신뢰를 형성하여 판매로 연결시키는 것, 바로 이것이 세일즈의 두 번째 본질이다.

가치를 효율적으로 소비자에게 전달하기 위해서는 전략과 기술이 필요하다. 판매 전략과 기술은 특정한 니즈와 성향을 가진 소비자를 발굴하고, 니즈를 증폭시키고, 판매에 유리한 이미지를 형성하고, 판매자와 상품의 가치를 드러내는 모든 계획과 실행을 포함한다. 판매 전략이 소비자에게 효과적으로 발휘될수록 더 많은 상품을 더 빠르게 판매할 수 있으며, 이는 곧 수익의 증가로 이어진다. 그래서 판매자는 가치를 어떠한 방식으로 소비자에게 전달하고 이해시킬 수 있는지에 대한 끊임없는 고민이 필요하다.

세일즈의 첫 번째 본질과 두 번째 본질이 충족됨으로써 이어지는 세 번째 본질은 판매를 확장시키는 것이다. 판매자의 가치를 이해하고 있는 소비자를 통해 판매자의 가치를 더욱 높이고, 판매된 상품을 개선하고 시스템을 구축함으로써 더 많은 판매로 확장시키는 것이다. 브랜딩과 고객관리를 통해 고객에게 신뢰를 쌓아 판매자에 대한 우호적인 이미지를 형성하고 소비자에게 만족을 제공한 상품을 더욱 개선하고 발전시켜 상품의 가치를 높임으로써 더 많은 판매로 이어나가는 선순환을 만드는 것이다. 이 과정에서 많은 판매가 이루어지는 상품은 가장 큰 수익을 가져다주는 주력상품이 되고 소비자에게 쌓인 만족과 신뢰는 브랜드 가치를 형성하여 판매의 과정을 더욱 효율적으로 만들어준다. 세 번째 본질은 시스템을 구축하고 판매를 확장함으로써 폭발적인 성장과 함께 수익의 증대를 불러일으킨다.

　이처럼 세일즈의 본질은 가치를 형성하는 과정부터 가치를 소비자에게 전달하여 판매로 연결시키고 판매된 상품과 구매고객을 통해 더 큰 성장과 성취로 이어나가는 과정이다. 그리고 첫 번째부터 두 번째, 세 번째 본질까지 단계적으로 충족시켜나가야 한다. 하지만 세일즈의 본질을 알지 못해 필요한 노력을 하지 않거나 하나의 단계에만 머물러있어 성취를 내지 못하고, 성취를 내더라도 이를 더 큰 성취로 이어나가지 못하는 판매자들이 많다. 예를 들어 돈가스집 사장이 있다고 하자, 손님에게 최고의 맛을 제공하겠다는 신념으로 끊임없는 시도와 노력을 통해 최고의 맛을 내는 레시피를 개발했다. 또한 손님의 건강을 위해 유기농 채소를 사용하고 마진도 얼마 남기지 않는다. 하지만 가게를 찾는 손님에게 사장의 정성과 노력이 포함된 음식의 가치가 손님에게 온전히 전달되지 못한다면 판매가 제대로 이루어질 수 있을까? 식당의 위생 상태가 엉망이라 불쾌한 감정에 의해 그 맛이 제대로 전달되지 못할 수도 있고, 유기농 채소의 경우에는 손님에게 직접 알려주지 않는 이상 고객은 절대 알 수 없어 책정된 가격이 비싸다고 생각할 수 있는 요인이기도 하다. 최고의 상품도 소비자에게 제대로 전달되지 않으면 소용이 없고, 그 가치가 잘못 전달되면, 잘못 전달된 가치 그대로 소비자에게 인식될 뿐이다. 이는 첫 번째 본질을 충족하더라도 두 번째 본질을 충족시키지 못해 발생하는 경우에 해당한다.

반대로 첫 번째 본질을 충족시키지 못하고 두 번째 본질에만 치중하는 경우는 다음과 같은 상황이다. 돈가스집 사장이 친절함, 맛, 가격 등 메뉴에 대한 경쟁력을 갖추지 못한 상태에서 고객에게 긍정적인 반응을 이끌어내기 위한 홍보 및 환경 조성에만 집중하는 경우다. 처음에는 손님들이 내부 인테리어, 이벤트 등을 보고 기대와 관심을 가지고 식당에 방문할 수 있지만, 음식이 맛이 없거나 사장과 종업원의 태도가 마음에 들지 않는다면 다시 방문하지 않게 될 것이다. 첫 번째 본질을 충족시키지 못한 상태에서는 두 번째 본질에 집중하더라도 판매로 이어나가는 것이 어렵고 성과를 내더라도 한계에 부딪히게 된다.

세일즈의 첫 번째 본질과 두 번째 본질은 판매로 이어가는 과정의 밑바탕이다. 하지만 성취를 내지 못하는 판매자들을 보면 본질을 인식하지 못하고 있거나 첫 번째 또는 두 번째 본질에만 머물러있는 경우를 자주 볼 수 있다. 첫 번째 본질에만 머물러있는 판매자는 해당 분야에 대한 전문성과 경쟁력 있는 상품을 갖추고 있지만, 그 가치를 소비자에게 전달하는 방법이 서툴다. 본인과 상품의 가치라는 본질에 충실하다면 고객이 알아서 이해하고 평가해줄 것이라고 착각한다. 하지만 모든 상품은 그 가치가 고객에게 올바르게 전달될 때 판매로 이어질 수 있다. 한 분야에서 오랜 시간 전문성을 쌓은 장인이 그의 가치를 알아본 사업가와 만나 부자가 된 일화처럼 판매자와 상품의 가치라는 첫 번째 본질은 소비자와 연결되는 과정인 두 번째 본질을 통해 그 진가를 발휘한다.

두 번째 본질에만 몰두하는 판매자들은 본인이 판매하는 상품의 경쟁력이 없고 분야에 대한 실력과 전문성, 판매자로서의 사명감과 윤리의식 등이 없는 상태에서 어떻게 해야 효율적으로 소비자의 지갑을 열 수 있을지를 고민한다. 판매자와 상품의 가치가 충족된다면 효율적인 판매와 관련된 두 번째 본질에 대한 고민은 바로 성취로 직결되지만, 첫 번째 본질이 충족되지 않은 상태에서는 판매 전략과 기술을 아무리 연구하더라도 장기간 이어질 수 있는 큰 성취로 이어지는 것이 불가능하다. 하지만 이를 깨우치지 못하고 더 큰 수익을 위해 무리하다 보면 그 과정에서 잘못된 방식의 세일즈 전략이 개발되어 전체 판매자, 소비자 시장을 흐리는 경우도 발생한다. 그리고 이 과정에서 다른 판매자, 소비자에게 발생하는 피해는 결국 판매자 본인에게 되돌아온다. 돈가스집에서 손님에게 관심을 끌기 위해 직접 키운 돼지로 돈가스를 만들었다고 소비자를 속이거나 중국산 식자재를 국내산이라고 홍보하는 것은 사실에 기반하지 않은 내용을 바탕으로 판매를 목적으로 소비자를 기만하는 행위로써 결국에는 본래의 가치가 드러나고 그 피해가 소비자뿐만 아니라 판매자 본인에게 돌아가게 되어있다.

첫 번째 본질이 충족되지 않은 상태에서 겉보기에만 치우친 가치의 전달은 실제 가치를 찾아볼 수 없는 사기에 해당한다. 판매자가 아무리 상품과 자신의 가치를 포장한다고 하더라도, 판매자의 실력, 성품, 인격, 상품의 내용은 결국 드러나게 되어있으며, 실제 가치가 아닌 포장을 통해 만들어진 성취는 어느 날 거품이 되어 순식간에 무너진다. 그래서 첫 번째 본질인 판매자의 가치와 상품의 가치가 중요한 것이다. 하지만 판매자들은 소비자에게 가치를 전달하는 세일즈의 두 번째 본질에만 집중하여 마케팅, 화법 등의 판매 전략에만 몰두하는 경우가 많다. 심지어 스스로를 세일즈의 전문가라고 칭하는 사람도 세일즈의 첫 번째, 세 번째 본질에 대해 깨닫지 못하고 있는 경우도 상당하다. 다양한 고객 발굴 방식과 마케팅 방법, 세일즈 기법을 공부하고 연구하는 것은 필요하지만, 그 방식이 판매자가 취급하는 상품, 판매자 본인에게 적합한 방식인지를 판별하는 것이 우선이며, 그 과정에서 가치를 과장하거나 허위의 내용을 포함시키는 것은 피해야 한다. 혹시라도 당신의 노력이 성과로 이어지지 않는다고 느낀다면 스스로 첫 번째 본질을 충족하고 있는지를 되돌아볼 필요가 있다.

판매 상품을 개선하며 고객을 통해 이미지를 형성하고 이를 활용하여 규모와 크기를 확장시키는 세일즈의 세 번째 본질은 판매 판매자와 상품의 가치가 충족되고 효과적으로 소비자에게 전달되어 구매로 연결되는 과정이 누적되었을 때에 비로소 이루어질 수 있는 과정이다. 그리고 여기에는 투자라는 새로운 리스크와 변화의 노력이 수반된다. 돈가스집 사장이 최고의 맛을 연구하고 그 맛을 손님에게 제대로 전달하여 활발한 판매를 이어가고 있다고 하자. 사장이 현재의 상황에 만족한다면 상관없겠지만, 수익의 확장을 이어가기를 원한다면 활발하게 판매되고 있는 상품과 고객을 활용하여 더 큰 수익을 달성할 수 있다. 재료와 레시피를 연구하여 더 맛있는 돈가스를 개발하고 더 넓은 매장으로 식당을 확장하여 더 많은 손님들을 맞이할 수 있는 여건을 마련하고 새로운 직원을 뽑고 고객서비스에 집중함으로써 기존 고객을 정착시키고 홍보, 소문, 소개, 후기 등의 방법으로 브랜딩하여 새로운 고객을 유입시키는 것이다. 이러한 시스템을 구축하는 데에는 시간과 투자비용이 발생하지만, 올바르게 구축한다면 시스템을 통해 사장은 더욱 효율적인 판매와 수익의 증대를 이룰 수 있다. 또한 스스로 운영될 수 있는 환경을 조성하는 시스템의 특징은 사장이 시스템을 개선하며 발전시키기 위한 노력을 할 수 있는 더 많은 시간과 에너지를 제공한다.

세 번째 본질은 판매자에게 첫 번째, 두 번째 본질의 노력에 더하여 추가적인 돈과 시간, 정성의 투자 그리고 변화를 요구한다. 또한 규모와 크기가 확장되는 만큼 판매자는 더 큰 위험부담을 감수해야 한다는 특징이 있다. 그렇기에 판매자는 첫 번째와 두 번째 본질을 더욱 탄탄하게 다져놓는 것이 필요하다. 기반이 탄탄할수록 판매의 확장으로 이어지는 과정은 훨씬 수월해지며, 탄탄하지 않은 상태에서 세 번째 본질에만 몰두하는 것은 무리한 시도로서 큰 실패로 이어지는 가능성을 높이기 때문이다. 바로 이것이 세일즈의 세 가지 본질이자 이 책에서 다루게 될 내용의 핵심이다. 세 가지 본질을 각각의 장으로 나누어 설명함으로써 당신이 성취를 달성하기 위해 세일즈의 첫 번째 본질에서부터 시작해 세 번째 본질에 이르기까지 알고 실행해야 할 핵심 요소들에 대해 함께 알아볼 것이다.

가치가 있다면
반드시
판매할 수 있다.

첫 번째
본질,
가치

Chapter 4
첫 번째 본질, 가치

판매자의 가치

세일즈의 주체

세일즈의 주체는 판매자다. 주체인 판매자에게 필요한 의사소통 능력, 전문성, 자세, 태도와 같은 외적, 내적 요소들은 세일즈에서 성취를 달성할 수 있도록 만드는 가치에 해당하며 이를 올바로 갖추지 못한다면 세일즈를 포함한 어떤 일이든 제대로 이루어낼 수 없다. 그래서 스스로를 알고 다스리며 실력을 쌓아 가치를 만드는 역량은 세일즈에서 가장 중요한 요소에 해당한다. 모든 것은 판매자인 나 자신으로부터 시작하기 때문이다.

판매자의 전문성, 태도와 자세, 감정과 기분, 인격과 성품, 문제해결 능력 등은 두 번째 본질에서 소비자와 상호작용 하고 세 번째 본질에서 시스템을 구축해나가는 과정의 밑바탕에 해당한다. 그래서 판매자는 고객과 상호작용 하기 이전에 판매자 자신이 소비자에게 만족과 신뢰를 줄 수 있는 기반을 갖추어야 한다.

한 영업사원이 있다. 오늘은 평소 관리하던 거래처와의 미팅이 있는 날이다. 마침 늦잠을 자서 부랴부랴 회의자료를 준비하지만 급하게 준비하다 보니 빠뜨린 부분이 있었다. 상사에게 혼나고 기분이 좋지 않은 상태에서 거래처 상대방과 미팅을 한다. 그런데 거래 상대방이 이야기를 할 때 자꾸 트집을 잡아 스트레스를 받는다. 과연 이 미팅을 통해 좋은 결과를 기대할 수 있을까? 회의 준비를 잘 마친 상태에서 긍정적인 마음으로 회의에 임해 성향이 좋은 상대방과 미팅을 하는 경우와 비교하면 그 결과에 미치지 못할 것이다.

회의의 결과는 거래처 상대방과 특정 상황 및 요소에 따라 달라질 수 있지만, 결과에 가장 큰 영향을 미치는 요소 그리고 통제가 가능한 요소는 바로 영업사원 본인이기에 스스로의 변화와 개선을 통해 더 좋은 결과를 낼 수 있도록 노력해야 한다. 이런 상황에서 영업사원에게 평소 일찍 일어나고 회의를 미리 준비하는 습관, 상사에게 지적을 당하더라도 금방 기분을 전환하는 회복력, 고객의 트집에도 불구하고 원활하게 미팅을 이어나갈 수 있는 마음의 여유와 소통 능력이 있었다면 미팅 결과는 크게 달라졌을 것이다.

어떠한 일에서 성취를 달성하기 위해서는 일의 주체인 자신의 가치를 높이는 것이 중요하다. 이는 세일즈에도 동일하게 적용된다. 성취로 이어지는 과정에서는 수많은 문제와 시행착오, 실패와 직면하게 되어있으며 이를 해결하고 극복하며 방향성을 설정하고 성장하기 위해 성찰이 필요하다. 성찰은 경험과 시행착오, 자신의 객관화 과정을 통해 현재 상황에서 올바른 방향성을 설정하고 의사결정을 내릴 수 있는 실력을 쌓을 수 있도록 돕기 때문이다. 그리고 쌓인 실력은 성취로 이어지는 과정을 효율적으로 만들고 도달하는 시간을 단축시킨다. 결국 세일즈에서의 성취는 세일즈의 주체인 나 자신을 얼마나 잘 성찰하며 관리하고 개선해나갈 수 있느냐에 달려있는 것이다.

실력이 있는 판매자는 상품의 종류, 가격에 상관없이 무엇이든 팔 수 있다. 세일즈에 기름을 붓고 불을 붙여 폭발적인 수익으로 전환시키는 판매자의 역량은 어떤 것들이 있을까? 태도, 습관, 목표, 감정조절, 자존감, 사명감, 인정, 자기계발 등의 다양한 가치들은 판매자의 역량을 구성하며 각각의 요소들은 서로 긴밀한 영향을 주고받는다. 이번 장에서는 세일즈의 주체인 판매자에게 필요한 핵심 역량에 대해 알아볼 것이다.

당신이 이루고자 하는 것 : 목표

과녁이 없는 화살은 무엇도 명중시킬 수 없다. 바로 목표의 중요성이다. 세일즈를 하는 판매자라면 성취를 내기 위해 가장 먼저 목표를 명확하게 설정해야 한다. 이루고자 하는 목표는 미래의 모습을 상상하며 현재 나 자신이 행동하도록 만드는 가장 큰 동기로 작용하기 때문이다. 세일즈에서 두각을 나타내는 사람들에게는 명확하고 뚜렷한 목표가 있으며 성취를 이르는 과정에서 지속적으로 목표를 떠올리고 상황에 따라 수정하면서 발전해나간다는 공통점을 가지고 있다. 당신이 세일즈를 시작하게 된 이유를 떠올려보자. 처음 일을 선택할 때 이루고자 했던 목표가 있었을 것이다. 그렇다면 현재 당신은 목표에 어느 정도 도달해있는가? 돈, 권위, 인정, 자아실현 등의 목표는 성취를 달성하기 위한 노력의 방향을 제시함으로써 결과로 이어지는 과정을 만들어낸다. 당신은 결과로 이어질 수 있는 과정을 만들어내기 위해 명확한 목표를 설정해야 한다.

목표를 설정했다면 이를 달성하기 위해서는 어떠한 노력이 필요할까? 추상적인 목표를 구체화하는 것이다. 당신의 목표를 달성하기 위해 먼저 달성해야 하는 것은 무엇인가? 큰 목표는 이를 위한 과정에서 작은 목표로 구성되며, 작은 목표들은 또다시 더 작은 목표로 구성된다. 그리고 목표는 세분화되는 과정에서 더욱 구체화된다. 목표가 구체적일수록 향하는 방향은 더욱 또렷해지며, 지금 당신이 해야 하는 일이 무엇인지를 제시하고 행동하도록 만든다. 이렇게 쌓인 작은 목표에 대한 성취는 하나씩 쌓여 큰 목표를 이룰 수 있는 밑거름이 되어 어느 순간 당신과 목표를 연결시키는 도약의 발판을 제공한다. 작은 목표부터 하나씩 달성해나감으로써 큰 목표를 달성할 수 있으며, 작은 성취의 경험은 세일즈에서 큰 수익을 얻는다는 더 큰 목표의 성취로 연결된다.

당신이 자동차 판매원이라고 가정해보자 일정한 월수입을 목표로 설정했다면 이를 달성하기 위한 판매 차량 대수 또는 매출액이 얼마가 되어야 하는지 계산해볼 수 있을 것이다. 본인이 판매해야 하는 차량 대수 또는 매출액이 계산되면 이를 실현시키기 위한 세부적인 활동 목표를 설정할 수 있다. 스스로 계약 성사율을 고려할 때 몇 명의 고객을 상대해야 할지를 생각해보고, 가망고객을 유입시킬 방법을 고민하고, 여러 고객을 효율적으로 관리하기 위한 방법을 찾고, 계약 성사율을 높이기 위해 자동차 시장의 동향에 대한 정보 습득, 자동차의 스펙 및 옵션에 대한 공부, 화법에 대한 연구 등으로 작은 목표로 세분화시키는 것이다. 그러면 지금 당신이 해야 하는 활동이 무엇인지 알 수 있게 된다. 꾸준히 실천만 하면 되는 것이다. 식당을 운영하는 자영업자라면 청결을 위해 하루에 한 번 가게 청소를 하고 식자재의 상태를 점검하는 것 등이 작은 목표에 대한 활동이 될 수 있으며, 온라인 판매자라면 고객 후기에 대해 신속한 답변을 달아주기 위해 일정 시간마다 정기적으로 확인하는 활동 또한 작은 목표에 대한 활동이 될 수 있다.

목표는 시간이 지나면서 조금씩 그 의미가 퇴색되고 희미해진다는 특징이 있다. 사람은 목표가 잊혀지면 조금씩 현실에 안주하고 본인이 사는 모습에 맞추어 생각 또한 변하면서 원하던 목표에서 멀어지게 된다. 따라서 원하는 목표를 달성하기 위해서는 의도적으로 끊임없이 꾸준히 목표를 상기함으로써 스스로 동기를 부여하고 행동해야 한다. '목표'는 행동의 방향성을 설정하고 실행으로 이어지도록 만드는 나침반의 역할을 수행하기 때문이다.

목표를 꾸준히 상황에 맞게 수정하면서 목표를 성취한 나 자신을 떠올려보자. 뚜렷하고 명확한 목표가 있다면 당신은 뛰어가든 걸어가든 앞으로 나아가게 될 것이다. 목표가 명확하고 뚜렷한 사람은 이를 달성하기 위해 노력하는 과정에서 반드시 방법을 찾고 목표를 달성한다.

모든 것은 나에게서 시작한다 : 원인

나 자신이 바뀌면 나를 둘러싼 환경도 바뀐다고 한다. 왜 그럴까? 주변 상황은 달라진 것이 없더라도 내가 변화하면 동일한 외부의 자극을 다르게 받아들이기 때문이다. 기분이 좋을 때는 길을 걷다 발견한 꽃 한 송이가 마치 나를 위한 선물처럼 느껴지기도 하고 기분이 좋지 않을 때는 바람에 흔들리는 나무만 봐도 서러움이 몰려온다. 즉 모든 상황은 받아들이는 나 자신에게 달려있다는 뜻이다.

나를 둘러싸고 일어나는 모든 상황은 나의 표현과 행동으로부터 비롯된다. 즉, 모든 것의 원인은 나로부터 비롯된다는 것이다. 나를 둘러싼 상황, 다른 사람과 상호작용 하는 과정에서 발생하는 상대방의 표현은 나의 표현으로부터 비롯된 피드백이기 때문이다. 나는 상대방의 특정 표현에 영향을 받고 상대방 또한 나에게 영향을 받는다. 그리고 상황의 변화를 이끌어낼 수 있는 해답은 나 자신에게 있다.

우리 주변에는 다른 사람과 좋은 인간관계를 맺는 사람들이 있다. 어떤 사람과 이야기해도 자연스러운 대화가 가능하고 유쾌한 분위기를 조성할 줄 아는 사람이다. 상황과 분위기를 이끄는 힘을 갖춘 사람이 좋은 인간관계를 맺는 것은 운이나 어떠한 환경에 의한 것이 아니라 확실한 실력이다. 모든 일의 원인이 나 자신이라는 것은 모든 것을 내 탓으로 돌리라는 말이 아니라 나의 변화와 표현이 주변의 상황을 변화시킬 수 있다는 것을 인지하고 다른 사람에게 긍정적인 영향을 미쳐 좋은 피드백을 발생시킬 수 있는 역량을 키우기 위해 노력해야 한다는 것이다.

세일즈도 마찬가지다. 고객과 소통하는 과정에서 고객의 말과 행동의 변화를 이끌어낼 수 있는 것은 나 자신에게 달려있다. 나의 표정, 목소리, 단어, 행동과 같은 요소들은 모두 고객에게 무의식적인 반응을 불러일으키는 요소가 되기 때문이다. 마찬가지로 나의 무의식적인 반응이 고객으로부터 비롯될 수 있다는 사실을 자각하게 되면 상대방의 방어적인 태도, 부정적인 표현 등이 나에게 영향을 미치는 요소를 인식하고 이에 적절하게 대응할 수 있는 능력을 발휘하는 것이 가능해진다. 판매가 원활하게 이루어지지 않았을 때 그 원인을 객관적으로 분석하는 것은 매우 중요한 과정이지만, 그 원인을 고객에게 전가하는 것보다는 그 이유를 나에게서 찾고 내가 개선할 수 있는 부분에 초점을 맞추는 것이 현명한 자기 발전의 방법인 것이다.

사실 나를 둘러싼 모든 상황의 원인은 내가 아닐 수도 있다. 어떠한 결과는 직간접적인 관계 속에서 상호작용을 통해 이루어지며, 사회, 환경, 문화적인 요소 또한 나에게 영향을 미치고 운, 타이밍과 같은 요소들도 간과할 수 없기 때문이다. 어떠한 결과에 영향을 미치는 외부적인 요소를 인지하는 것은 중요하지만, 통제할 수 없는 요소인 타인이나 사회, 환경에 대한 탓을 하는 것은 나의 발전에 전혀 도움이 되지 않는다는 것을 명심해야 한다. 내가 아닌 다른 요소를 원인으로 돌리는 '탓'은 어떠한 부정적인 현상을 방어하고 책임을 회피할 수 있는 쉽고 간단한 수단이지만, 사람을 수동적으로 현실에 안주하게 만들고 개인의 성장을 가로막는 가장 큰 장애물로서 작용한다.

한 개업 변호사가 있다고 하자. 로펌의 일원으로서 회사가 수임한 건을 처리하고 월급을 받는 소속 변호사가 아니기에 사건을 수임하기 위한 영업활동이 필수일 것이다. 지난달에는 여러 사건을 수임해 실적도 괜찮았지만, 이번 달에는 한 건도 수임하지 못한 상황이다. 이에 대한 원인을 외부에서 찾는다면 경제 상황 때문에, 변호사들이 많아져서, 운이 없어서, 단순 문의들 때문에 집중하지 못해서, 사건수임을 담당하는 사무장이 시원찮아서 등 그 이유는 매우 많을 것이다. 하지만 지금도 변호사가 필요한 사건은 계속해서 발생하고 있고 누군가는 지금도 사건을 수임하고 있다는 사실을 알고 있다면 외부의 탓을 할 것이 아니라 어떻게 그 수임을 본인이 담당할 수 있을 것인가를 고민하는 것이 도움이 될 것이다.

어떠한 결과의 원인은 외부에 있을 수도 있겠지만, 본인이 원인인 부분도 분명히 존재한다. 이 사례에서는 변호사의 상담 능력이 부족하거나 전문성이 부족하기 때문일 수도 있고 일을 효율적으로 처리하지 못했기 때문일 수도 있다. 그렇다면 이에 집중하여 성찰을 통해 스스로 부족한 부분을 깨닫고 이를 극복하고 해결하기 위한 노력이 필요할 것이다. 광고를 통해 가망고객에게 자신을 노출하거나 다양한 활동을 통해 업무 영역을 확장하고 개인의 추가적인 전문역량을 발전시키는 것 등이다.

어떠한 위기 속에서도 해결 방안은 반드시 존재하며, 결과를 어떻게 받아들이고 대응하느냐에 따라서 위기는 내가 성장할 수 있는 기회가 된다. 외부의 요소는 통제할 수 없지만 나 자신은 통제가 가능하기 때문이다. 이렇게 형성된 개인의 실력은 외부의 부정적인 영향을 상쇄시키고 개인에게 더 많은 기회를 제공한다.

모든 것은 나로부터 시작된다. 내가 변화하면 나를 둘러싼 환경도 자연스레 변한다는 것을 이해하고 스스로를 변화시키기 위해 노력하면 그 과정 속에서 자연스럽게 성장한다. 그리고 성장한 나 자신은 주변의 환경을 변화시킨다. 단지 같은 환경을 다르게 받아들이는 것만을 의미하는 것이 아니라 나의 변화에 의한 피드백으로 나를 둘러싼 주변의 환경이 실제로 긍정적인 방향으로 바뀌는 것이다.

유능한 사람이 되는 방법 : 습관

우리는 모두 유능한 사람이 되고 싶다. 우리가 말하는 유능한 사람은 더 많은 성취를 달성하고 다른 사람으로부터의 인정을 받으며 더 많은 영향력을 가진 사람을 의미한다. 유능한 사람은 상황에 따른 적절한 판단과 이에 대한 조치가 가능하며, 더 많은 일을 효율적으로 할 수 있고 의사소통 능력이 뛰어난 사람이다. 그렇다면 어떻게 유능한 사람이 될 수 있을까?

유능한 사람은 전반적인 업무에 능숙하다는 특징이 있다. 이들이 낯선 일도 능숙하게 처리가 가능한 것은 기존의 경험을 통해 업무를 처리하는 방식을 이해하고 익숙해졌기 때문이다. 유능함은 일을 처리하는 과정에 유익한 습관이 하나씩 쌓이면서 그 기반을 형성한다. 습관을 통해 유능한 사람이 될 수 있다는 말은 다소 어색하게 들릴지 모르지만, 우리의 삶에서 무의식의 영역을 담당하는 '습관'이 우리의 삶에 미치는 영향을 이해한다면 습관의 얼마나 중요한지에 대해 깨닫게 될 것이다.

당신에게 습관은 어떤 의미인가? 현재 당신이 다리를 꼬고 앉아 있는 것, 누워있는 것, 음식을 빨리 먹는 것, 일찍 자고 일찍 일어나는 것, 새벽에 자고 아침 늦게 일어나는 것과 같이 습관은 어떠한 자극에 대한 행위가 반복되면서 무의식에 반영된 개인의 고정된 반응이다. 즉, 당신의 어떠한 행위가 무의식의 영역에서 이루어져 몸에 의지력을 소모하지 않는 상태를 의미한다. 운동 루틴, 일어나는 시간, 대화방식 등 우리의 삶은 개인의 경험과 성향에 따라 형성된 수많은 무의식적인 습관의 연속으로 이루어져 있다. 습관은 무의식의 영역이기에 우리가 어떤 표현과 행동을 할 때, 디폴트값으로 작용하여 우리의 삶에 영향을 미친다. 앞에서 다룬 내용인 다른 사람과 환경에 피드백을 발생시키는 것이 나 자신이라면, 외부에 긍정적인 반응을 불러일으킬 수 있는 좋은 습관을 구축하는 것은 당신을 유능한 사람으로 변모시키고 성취로 이어지도록 만드는 핵심인 것이다.

유도 국가대표 선수가 있다고 하자. 그는 동작을 익히기 위해 하나의 동작만 최소 수만 번을 반복했을 것이다. 배움의 과정에서 반복을 통해 체득된 기술은 습관이 되고 내가 상대방과 겨룰 때 몸이 자동으로 반응하는 디폴트값이 된다. 마찬가지로 당신의 생활 속에서 일을 처리하는 방식, 다른 사람과 소통하는 방식은 이미 습관화되어 고착된 반응을 일으키는 무의식의 영역이다. 따라서 유능한 사람이 되고 싶다면 의식적인 노력을 통해 고착된 본인의 습관을 개선하고 좋은 습관을 형성하기 위해 노력해야 하는 것이다.

세일즈에서도 습관은 다음과 같이 활용될 수 있다. 당신이 고객과 나누는 대화, 홍보를 위해 업데이트하는 게시물의 양식, 활용하는 판매기법, 업무를 처리하는 방식 등은 이미 여러 번 반복되고 숙달되며 습관이 된 상태에 있다. 고객과 상담을 한다면, 대화할 때 나의 무의식적인 습관을 점검하고 의식적으로 개선하기 위해 녹음된 통화 내용을 들어보면서 나의 말하는 습관을 파악하고, 고객과 대화할 때 주의 깊게 듣고, 대화에 힘을 싣기 위해 말의 고조, 빠르기를 조절하는 방법을 갖추고, 신뢰감을 줄 수 있는 어휘를 사용하고, 고객에게 더 나은 피드백을 유발하는 대화방식을 구축하고, 더욱 효율적인 업무처리 방식을 시도함으로써 더욱 긍정적인 반응을 이끌어낼 수 있는 당신의 표현을 습관으로 재구축할 수 있을 것이다.

습관이 중요한 또 다른 이유는 이미 습관이 된 행동은 무의식에 반영되어 별도의 의지나 에너지를 요구하지 않으므로 의지가 필요한 특정 행동에 투입할 수 있는 여력을 마련해준다는 것이다. 습관을 활용하면 좋은 습관에 추가로 좋은 습관을 누적시키는 것이 가능하다. 삶에 긍정적인 영향을 미치는 습관, 당신을 유능하게 만들어주는 습관이 하나둘 쌓이게 되면 다른 사람이 의지를 가지고 힘들게 처리해야 하는 일을 당신은 쉽게 해낼 수 있다. 결과적으로 더 많은 일을 효율적으로 처리하는 유능한 사람이 되는 것이다.

당신이 하루 30분씩 달리는 습관을 만들기 위해 노력하고 있다고 하자. 달리기 전에는 하지 않아도 되는, 합리화할 수 있는 이유가 매일 몇 개씩은 떠오를 것이다. 달리기를 시작하면 처음에는 폐활량도 부족하고, 근육통도 오기 때문에 달리기를 꾸준히 하는 것에 엄청난 의지와 에너지가 소모된다. 하지만 이를 꾸준히 반복하면 조금씩 익숙해지고 달리는 것도 편해지고 몸도 가벼워지면서 달리기에 필요한 의지와 소모되는 에너지가 줄어든다. 달리는 과정이 반복되면서 습관이 형성되고 달리는 것에 익숙해지면, 이제 당신은 달리기를 습관으로 만들기 위해 사용했던 에너지의 방향을 또 다른 좋은 습관을 형성하는 것에 활용할 수 있다. 미리 충분히 준비하는 습관,

미루지 않는 습관, 대화를 원만하게 이끌어나가는 습관 등 당신에게 도움이 되는 핵심 습관은 하나씩 쌓이면서 시간이 지날수록 당신의 삶에 엄청난 변화와 행복을 가져다준다.

당신의 태도 또한 습관이다. 고객과의 문제가 발생했을 때 원인을 나에게서 찾아 해결하는 태도, 꾸준히 자신을 성찰하며 발전하는 태도, 매사에 배우고 성장하기 위해 노력하는 태도 등은 무의식의 영역으로서 당신의 가치를 형성한다. 당신의 성공에 긍정적인 영향을 미치는 핵심 습관이 계속해서 쌓이고 누적된다면 성취를 달성하는 것 또한 습관이 될 것이다.

건강한 신체에 건전한 정신이 깃든다 : 건강

건강한 신체에 건전한 정신이 깃든다. 건강은 생각과 감정에 영향을 미쳐 삶을 살아가는 자세, 태도, 의욕을 결정하는 주요한 요인으로 작용하기 때문이다. 몸이 아프면 집중력이 떨어지고 체력이 다하면 의욕이 떨어져 쉬고 싶은 것처럼, 건강한 신체는 삶을 더욱 의욕적으로 만들고 자신감을 형성하며 당신에게 생산적인 활동으로 이어질 수 있는 에너지를 제공한다.

성취로 이어지는 과정에서 체력은 당신이 성실함과 끈기를 가지고 어떠한 일을 꾸준히 해나갈 수 있는 단단한 기반이다. 성취로 이어지는 과정에서는 많은 일을 감당하며 피곤함을 이겨내고 일해야 하는 상황도 발생하고 판매가 이어지고 규모가 커질수록 감당해야 하는 업무 또한 더욱 많아진다. 이런 상황에서 체력이 뒷받침되지 못한다면 의지와 실력을 떠나 업무를 제대로 처리하지 못하는 상황이 발생하게 되고 원하는 성취를 이루는 것 또한 어려워진다. 가끔씩 정신이 신체를 지배하여 의지와 열정이 몸을 이끄는 경우도 발생하지만, 신체가 감당하지 못한다면 결국 신체적, 정신적 피로, 무기력증이라는 결과로 이어져 꾸준히 일에 집중하지 못하는 상황을 발생시킨다. 그래서 성취를 위해서는 능력의 성장뿐만 아니라 일을 수행하는 신체의 건강과 체력을 반드시 관리하고 유지해야 한다.

신체는 거짓말을 하지 않는다. 신체는 감당할 수 있는 일은 수행하고 그 범위를 초과하게 되면 수행을 거부한다. 따라서 자신의 건강에 얼마나 관심을 가지고 관리할 수 있느냐에 따라 처리할 수 있는 일의 범위와 능률이 달라지며 그 결과로 삶의 성취 또한 달라지게 된다. 몸에 맞지 않는 음식은 피하는 것, 건강을 해치는 활동을 하지 않는 것, 적절한 휴식을 취하는 것, 잠을 충분히 자는 것, 규칙적인 운동을 통해 신체를 단련하고 건강을 유지하는 것은 건강한 신체와 건전한 정신을 형성하고 삶의 기반이 되어 더 큰 성취를 이룰 수 있는 활력과 에너지, 기반을 형성한다. 당신의 신체와 건강이 당신이 가지고 있는 가장 큰 자산이라는 것을 기억하라.

좋은 사람이 되어라 : 인격과 성품

당신은 어떤 사람을 좋아하는가? 답은 이미 질문에 포함되어있다. 좋은 사람이다. 우리는 바르고 정직한 사람, 강인하고 주관이 뚜렷한 사람, 이해심이 많고 이타적인 사람에게 매력을 느낀다. 그리고 이러한 요소는 성품과 인격이라는 가치의 범주로 통용할 수 있다. 성품과 인격은 타인으로부터의 만족과 신뢰, 인정과 존경을 불러일으키는, 개인의 삶과 성취에 영향을 미치는 핵심 요인이다.

성격이 원만하고 친절한 직원, 성격이 예민해 말을 툴툴 내뱉는 직원이 같은 상품을 판매하고 있다면 소비자는 어떤 사람에게 구매하겠는가? 직원에게 다시 한번 되물었을 때 짜증 섞인 말투로 이야기하는 예민한 직원보다는 말을 이쁘게 하는 친절한 직원에게 더 마음이 갈 것이다. 짧은 대화 또는 비대면으로 이어지는 시장에서 판매자의 성품과 인격은 잘 드러나지 않지만, 반복되는 대화 또는 대면으로 이루어지는 시장 속에서 드러나는 판매자의 인격과 성품은 소비자의 마음에 영향을 미치며, 성취에 영향을 미치는 핵심 요인으로 작용한다.

개인의 인격과 성품은 감추거나 숨길 수 없는 성질을 가지고 있다. 한 사람의 인격과 성품은 가치관에 의해 결정되며, 가치관은 사람의 사고를 지배하고 말과 행동으로 드러나기 때문이다. 평소 행실이 나쁜 사람이 특정 고객에게만 좋은 사람이 되는 것이 가능할까? 숨기려고 노력해도 사소한 말 하나, 행동에서 그 됨됨이가 드러나고 고객은 이를 인지한다. 이러한 이유로 인격과 성품이라는 본성을 단련하지 않은 사람은 단기의 성과를 달성할지라도 장기의 큰 성취로 이어나가지 못한다.

판매자가 직접 드러나지 않는 온라인 시장에서도 고객에게 댓글 또는 답변을 남기는 사장들의 모습을 보면 태도와 됨됨이를 알 수 있는 경우가 많다. 고객의 불만에도 적극적으로 대응하며 친절함을 유지하고 감사한 태도를 견지하는 사장이 있는가 하면, 온라인이기에 충분히 감정을 조절하고 대응할 수 있음에도 순간적인 감정을 못 이겨 다른 고객이 보는 공개적인 의견과 댓글에 감정을 분출하는 사장도 있다. 이러한 사장의 고객 대응을 본 다른 소비자들은 어떤 사장이 판매하는 상품에 더 큰 만족과 신뢰를 느낄까? 당연히 친절하고 소비자를 위해 노력하는 판매자일 것이다. 상품의 내용이 좋아도 판매자에게 반감이 든다면 소비자는 다른 상품을 찾는다. 그리고 시장에는 비슷한 기능을 가진 다른 상품이 존재하므로 결국 판매자는 고객을 잃게 되는 것이다. 고객이 구매의 과정에서 느끼는 감사와 불만은 상품 자체보다 판매자의 성품과 인격으로부터 비롯되는 경우가 많다.

소비자에게 전해지는 정성과 진심은 판매자의 훌륭한 인격과 성품에서 우러나오는 말과 행동으로부터 비롯된다. 유유상종이라는 말처럼 좋은 사람은 자신과 같은 사람을 곁에 두고 싶어 하며 자연스레 좋은 사람끼리 모인다. 그리고 서로 긍정적인 에너지를 주고받는 관계는 개인의 삶을 발전시키며 부와 행복을 증대시킨다. 당신의 주변을 좋은 사람, 좋은 고객으로 채우고 싶다면 당신이 먼저 좋은 사람이 되어라. 당신의 인격과 성품이 당신의 주변 사람을 만들고 당신의 삶을 결정할 것이다.

당신의 마음에 귀 기울여라 : 감정

당신은 스스로 본인의 감정에 솔직한 편인가? 당신은 어떠한 경우에 기분이 좋고 화가 나며 슬프다고 느끼는가? 본인이 특정한 감정을 느끼는 상황에서 자신의 표현과 행동이 외부에 어떠한 방식으로 표출되는지 알고 있는가? 앞의 질문에 대답을 하는 것이 어렵다면 당신은 자신의 감정에 소홀하고 둔감한 사람일 수 있다.

사람은 감정에 휘둘리는 사회적 동물이다. 이성은 필요할 때 발휘되지만, 감정은 항시 우리의 무의식에 존재하며 우리의 행동을 결정짓기 때문이다. 그래서 세일즈에서는 구매 결정에 영향을 미치는 소비자의 감정을 유심히 관찰하고 들여다보아야 한다. 소비자는 기분이 좋으면 판매자와 상품에 대해 더욱 호의적으로 받아들이며 불안함을 느끼면 충동적으로 구매를 결정하기도 하고 기분이 좋지 않으면 의사결정을 뒤로 미루기도 한다. 그래서 판매자는 소비자의 감정을 살피고 적절하게 대응할 수 있는 능력을 갖추어야 한다. 하지만 판매자가 더욱 주의 깊게 관찰해야 하는 대상은 따로 있다. 바로 판매의 주체인 본인의 마음이다.

소비자가 감정에 따라 다양한 반응을 보이는 것처럼 판매자 또한 감정에 따라 다양한 반응을 나타낸다. 특정한 상황 속에서 판매자의 표현이 소비자에게 영향을 미친다는 것을 고려할 때 감정을 조절하고 반응을 제어하는 것은 소비자와의 긍정적인 상호작용을 하는 데 있어 매우 중요한 역량이다. 판매자가 드러내지 않으려고 노력해도 소비자는 판매자의 말과 행동에서 무의식적으로 자세와 태도, 기분과 감정을 느끼고 이에 반응하며, 응대하고 관리하는 과정에서 소비자가 느끼는 감정과 기분은 구매 결심, 평가에 영향을 미친다. 판매자가 진상 고객을 만나 감정이 상한 상태에서 다른 고객을 대한다면 고객은 무언가 무의식적으로 불편함을 느끼며, 반대로 기분이 좋은 일이 있었다면 고객에게 좋은 에너지를 주는 긍정적 요소로 작용한다. 하지만 과하다면 마찬가지로 불편함을 만드는 요소가 될 것이다. 상품을 판매하며 고객과의 상호과정 속에서 발생할 수 있는 변수를 줄이고 일관된 반응을 이끌어내기 위해서는 다양한 상황을 마주하더라도 자신의 감정을 조절하고 평정심을 유지하는 역량이 요구된다.

감정을 다스리는 것은 스스로의 감정을 솔직하게 바라보는 것으로부터 시작한다. 본인의 감정을 이해하고 이에 반응하는 자신의 행동을 직시해야 이를 받아들임으로써 더욱 나아질 수 있는 개선점을 발견할 수 있기 때문이다. 고객을 상대하는 과정, 일상생활 속에서 있었던 사건에 의해 감정의 변화가 생기는 건 자연스러운 현상이다. 하지만 감정을 다루는데 서툰 사람들은 떠오르는 감정이 잘못되었다고 생각해 자신을 나무라거나 반대로 감정이 생긴 다른 이유를 만들어 합리화하고 무시해버리기도 한다. 하지만 떠오르는 감정에 옳고 틀림은 없으며, 감정을 떠올리는 것은 나 자신이다. 스스로의 감정을 직시하고 이를 온전히 수용해야만 나를 더 이해하고 스스로를 다스리는 것이 가능해진다.

당신이 화장품 매장을 운영하고 있다고 하자. 손님과 대화하던 중 손님이 당신을 무시하는 말을 던진다. 이를 원인으로 기분이 불쾌해진 당신이 손님과 약간의 말다툼을 했다면 매장을 운영하는 사람으로서 가망고객을 놓친 것에 대한 후회도 되고 매장의 평판이 떨어지는 것에 대한 두려움을 느낄 수 있다. 그래서 이후에 비슷한 상황이 발생하면 일단 손님에게 먼저 사과하기로 한다.

이 상황을 천천히 되돌아보면, 결과적으로 이후에 손님과 다툼이 발생할 가능성은 낮아지겠지만 사실 현명한 해결 방안이라고는 할 수 없다. 당신의 감정이 외면받고 있기 때문이다. 먼저 손님과의 다툼이 상대방의 경솔한 언행을 원인으로 한다면 당신의 기분이 불쾌한 것은 당신 때문이 아니며 그 원인은 상대방에게 있다. 당신이 스스로를 보호하기 위해 고객과 다툰 것 또한 불쾌한 감정에서 자신을 보호하기 위한 자연스러운 반응인 것이다. 중요한 것은 당신에게 떠오르는 감정을 어떻게 받아들이고 관리할 수 있느냐는 것이다.

그렇다면 내 감정에 영향을 주는 외부의 요소들로부터 어떻게 평정심을 유지하고 감정을 다스릴 수 있을까? 나 자신을 이해함으로써 감정을 조절할 수 있는 마음의 여유를 갖추는 것이다. 나의 감정과 감정에 의해 나타나는 나 자신의 반응을 이해하면 마음에는 여유가 생긴다. 상대방의 경솔한 언행으로 기분이 나쁘다면, 현재 내가 기분이 불쾌하다는 사실을 인지하고 나 또한 상대방에게 짜증을 전달하고 싶다는 마음이 든다는 것을 받아들이는 것이다. 당신이 스스로를 이해하고 위로할 때 당신의 마음에는 여유가 생기며, 상대방을 이해하고 포용할 수 있는 여건이 조성된다.

대부분의 감정적인 동요와 흥분은 갑작스럽고 충동적인 상황에서 주로 발생한다. 면허를 딴지 얼마 안 된 사람이 차를 타고 처음 가는 길을 운전하는 것과 10년 차 무사고 운전자가 자주 다니는 길을 운전하는 경우 누가 마음에 더 여유가 있을까? 당연히 운전에 대한 이해도가 높고 익숙한 길을 운전하는 사람이 훨씬 더 여유로운 운행을 할 수 있을 것이다. 당신의 마음도 똑같다. 당신에게 떠오르는 감정을 얼마나 자주 다루고 이해하느냐에 따라서 당신의 마음에는 여유가 생긴다. 그리고 그 여유는 당신의 자존감을 형성하며 다른 사람을 위한 이해와 배려, 사랑으로 그 자리를 채운다.

당신에게 마음의 여유가 있다면, 앞에서 말한 손님과 다툰 상황이 발생하더라도 다르게 대처할 수 있다. 혹시 내가 내뱉은 표현과 행동이 손님에게 영향을 미쳤던 것이 아닐지 조심할 수 있고 어떻게 하면 고객이 경솔한 발언을 하지 못하도록 분위기와 대화를 이끌어 나갈 수 있을지 고민도 해볼 수 있다. 또한 손님을 달래주기 위해 내가 먼저 사과를 할 수도 있다. 결과적으로 손님에게 먼저 사과를 하는 모습은 같더라도 그 마음은 후회와 두려움이 아니라 이해와 배려라는 본질적인 내용의 차이가 있는 것이다.

감정을 그대로 받아들이는 것이 중요한 또 다른 이유는 떠오르는 감정을 직시하지 않고 내버려 두는 경우 더 큰 문제로 이어질 수 있기 때문이다. 사람은 외부로부터 발생하는 자극과 감정으로부터 스스로를 보호하려는 습성이 있다. 우리 자신은 외부에서 감정에 영향을 미치는 요소에 대해 무의식적인 방어기제를 형성하며, 의식적으로 감정을 해결하려 노력하지 않으면 일반적으로 부정적인 영향을 미치는 방어기제를 형성한다. 사람들과 이야기하다 보면 세일즈에서 또는 인간관계로부터 받은 상처가 곪아있는 경우를 종종 볼 수 있다. 대표적인 부정적 방어기제는 자격지심 또는 피해의식, 예민함, 부정적이고 회의적인 태도 등이다. 이들은 자신의 마음을 제대로 돌볼 수 있는 마음의 여유가 없었던 사람들이다.

나를 알고 감정을 다스리는 것은 쉽지 않은 과정이다. 우리의 감정은 때로는 이성까지도 제압하기에 감정을 조절하는 것은 우리가 성취를 이루고 행복한 삶을 살아가기 위해 가장 중요한 역량 중 하나에 해당한다. 감정을 다스리기 위해서는 끊임없이 자신에 대한 관심을 가지고 감정을 그대로 수용할 수 있는 여유와 함께 감정을 다루기 위한 꾸준한 노력이 필요하다. 감정이 북받쳐 오를 때에는 행복을 최대한 만끽하되 과하지 않을 수 있도록 자제하자, 상처를 받는다면 충분히 슬퍼하며 나 자신을 보듬어주어라. 본인의 감정에 충실한 사람은 더 크게 성숙하며 다른 사람의 감정을 이해하고 배려함으로써 더 좋은 인간관계와 행복을 만들어나갈 수 있다.

세일즈를 하는 이유 : 자부심과 보람

대부분의 사람들은 하루 24시간 중 삼분의 일이 넘는 시간을 직장에서 보내고 있으며, 일을 통해 얻는 소득으로 경제활동을 하며 살아간다. 우리는 일을 통해 사회생활을 경험하고 다양한 사람들을 만나 교류하며 자신의 역할을 수행해나가면서 개인 역량을 키우고 인간관계 능력을 발전시키며 성장한다.

당신이 현재 업으로 하고 있는 세일즈를 지속하고 있는 이유는 무엇인가? 돈 때문에? 일이 편해서? 아니면 쉬워서? 특별한 이유가 없다면 굳이 그 일을 계속하고 있을 이유는 없을 것이다. 돈을 버는 일은 다른 일도 많기 때문이다. 그러므로 당신이 어떠한 일을 계속해서 영위한다면, 그 일에서만 찾을 수 있는 당신만의 이유가 있어야 한다. 그 이유는 다른 직업과 차별화되는 요소로써 자부심과 보람을 느낄 수 있도록 만들고 꾸준히 자신의 위치에서 일하도록 만드는 동력이 될 것이다.

인간은 이유 없는 행동을 하지 않는다. 그래서 어떤 행동을 할 때 특별한 이유가 없다면 합리화할 수 있는 이유를 만든다. "난 지금 생활에 만족해, 다른 일은 해본 적이 없어, 지금은 늦었어, 다른 일은 경쟁이 너무 치열해, 내가 책임지고 있는 가족의 생계가 달려있어" 등과 같이 합리화할 수 있는 이유를 만들고 정당성을 부여한다. 하지만 본인이 오랜 시간을 투자하며 성장의 기반이 되는 '일'을 계속한다면, 수동적인 이유를 만들어 합리화하는 것보다는 적극적이고 능동적인 이유가 있다면 더욱 즐겁게 일하고 만족할 수 있게 될 것이다.

일을 유지하는 능동적이고 적극적인 이유가 있다면 그것은 곧 자부심과 보람이다. 자부심과 보람은 스스로 본인의 일에 당당하고 만족감을 느낄 수 있도록 만드는 가치에 해당한다. 식당 주인이라면 맛있는 음식을 제공하는 것에 대한 자부심, 고객관리 직원이라면 고객에게 필요한 정보와 서비스를 통해 문제를 해결해주는 것에 대한 보람, 생산자라면 좋은 제품으로 가치를 창출한다는 생각, 나로 인해 도움을 받는 사람들로부터 받는 감사 등이다. 자부심과 보람은 본인의 일에 만족을 느끼며 즐겁게 일하고 더욱 열심히 노력하는 동기로 작용한다. 혹시 당신이 현재 일에서 만족스러운 성취를 달성하고 있지 못하다면 당신이 자부심과 보람을 느끼지 못하고 있는 것에서 나오는 불만과 무기력이 그 원인일 수 있다. 스스로의 일에 자부심과 보람을 느끼며 즐겁게 일하는 사람이 더 나은 성취를 달성할 수 있다는 것은 당연하며, 자부심과 보람은 당신의 일에 가치를 부여하고 당신을 성장시킨다.

자신을 믿어라 : 자존감

자존감은 자신에 대한 존엄성이 타인의 인정 및 평가에 좌우되는 것이 아닌 스스로의 성숙한 사고를 통해 자기를 존중하는 마음이다. 내가 나를 사랑하고 존중해주는 마음은 때로 찾아오는 마음의 불확실함과 좌절 속에서 나를 지지해주는 기둥이며 다른 사람을 이해하고 배려할 수 있는 기반을 형성한다. 자신을 사랑하고 존중해 줄 수 있는 마음은 자신을 가득 채우고 나면 다른 사람까지도 사랑하고 존중하며 이해해 줄 수 있는 여력을 남기기 때문이다.

자존감으로부터 발생하는 자기 확신은 세일즈에서 사람을 설득하는 데 있어 가장 중요한 요소에 해당한다. 자존감은 내면에는 안정감, 외부에는 자신감으로 표현되어 다른 사람에게 신뢰와 호감을 형성하고 불확실하고 어려운 상황 속에서도 묵묵하게 앞으로 나아갈 수 있는 끈기로 이어지기 때문이다. 자존감이 형성하는 정서적인 안정감과 자신감은 성취를 달성하기 위한 전제조건에 해당한다.

당신은 스스로 할 수 있다는 믿음을 가지고 있는가? 세일즈에 임하는 자세로 정말 잘 될 수 있다는 믿음을 가지고 있는지, 하다 보면 어떻게든 될 것이라는 생각을 가지고 있는지, 잘 안될 것이라는 생각을 가지고 있는지 돌이켜봐야 할 필요가 있다. 믿음은 당신의 무의식을 형성하고 행동을 결정하며 결과물을 만들어내기 때문이다.

어떤 일이든 자신에 대한 믿음을 가지고 성공에 대한 비전이 확실한 사람만이 성취를 달성할 수 있다. 당신이 할 수 있다고 믿으면 그 믿음은 현실이 된다. 하지만 당신이 할 수 없다고 생각한다면 당신은 시도조차도 해보지 못할 것이다. 한계를 결정짓는 것은 자신에 대한 믿음이며, 자신에 대한 믿음과 확신은 어떠한 상황도 견뎌내고 극복할 수 있는 강인함을 형성하고 끝내 원하는 성취에 도달하도록 만드는 에너지다.

믿음을 만드는 방법은 단순하다. 본인이 이루고자 하는 목표 그리고 본인이 이룰 수 있다는 사실을 끊임없이 되뇌는 것이다. 혼잣말, 잘 보이는 곳에 내용을 적어 붙여놓는 것, 일기를 쓰는 것 등의 자기암시는 반복하는 과정에서 믿음과 확신이 되고 무의식 속에서 목표를 통해 움직이도록 하는 힘을 부여한다.

자존감과 자기 확신은 성공으로 나아가는 과정에서 반드시 갖추어야 하는 핵심 역량이다. 자존감이 없는 사람은 우유부단하고 주변 사람들의 평가와 행동에 쉽게 휘말리며, 자신감이 없고 쉽게 상처받는다. 이러한 성향은 고객의 다양한 반응과 거절, 실패가 반복되는 세일즈에서 성취를 방해하는 장애물로 작용한다. 수많은 거절과 실패 속에서도 다시 마음을 다잡고 일어나기 위해서는 자신을 사랑하고 믿을 수 있어야 한다. 당신을 그 누구보다도 사랑하고 믿어줄 수 있는 사람은 바로 당신이다. 스스로를 믿고 자신에게 확신을 가져라. 그리하면 당신은 무엇이든 할 수 있는 사람이 될 것이다.

비굴함이 아닌 당당함으로 : 자신감

세일즈를 하는 사람들의 가장 잘못된 인식 중의 하나는 스스로 '을'이 되려고 한다는 것이다. 그리고 '을'을 자처하면서 발생하는 갑을관계의 비굴함 속에서 스트레스를 받는다. 소비자 우위의 시장에서 소비자의 권한이 막강한 것이 사실이지만, 판매자와 소비자 관계의 본질은 서로 도움을 주고받는 협력의 관계지 판매자가 소비자에게 맞춰주는 관계가 아니라는 것을 알아야 한다.

거래는 사람과 사람 사이에서 필요가 만나 발생하는 사건이다. 소비자는 상품을 필요로 하고 판매자는 상품을 제공한다. 일반적인 시장에서는 선택지가 더 많은 소비자에게 유리한 거래가 대부분이지만 판매자와 소비자가 만나 상호작용이 이루어지는 현장에서의 주도권은 자신감을 갖춘 당당한 사람에게 있다. 판매자가 본인과 상품에 대한 가치에 확신과 자신감을 가지고 있으면 고객은 판매자와 상품에 매력을 느끼고 구매에 대한 욕구를 갖는다. 따라서 당당함과 자신감은 판매자가 가질 수 있는 가장 큰 무기이며 판매자가 반드시 갖춰야 하는 자질이다.

그렇다면 자신감은 어디에서 오는가? 바로 실력에서 온다. 따라서 자신감을 갖추는 방법은 상품과 분야에 대한 전문성을 갖추는 것이다. 무지에서 비롯된 자신감은 때로는 단기적으로 판매에 강력한 힘을 불어넣지만, 실력이 아니기 때문에 오래 이어지지 못하고 결국 판매자에게 손해로 되돌아온다. 하지만 실력에서 오는 자신감은 더 큰 성취와 외부적 요인에도 꾸준한 성취를 이어나갈 수 있는 기반을 형성한다.

소비자 우위의 시장이라는 점을 이용하여 판매자를 자기 맘대로 부리려고 하는 소비자는 흔히 말하는 '블랙 컨슈머'에 해당한다. 방송 및 인터넷 매체를 통해 블랙 컨슈머의 악성 민원, 조작 등으로 인해 사업체가 큰 타격을 입는 경우를 종종 보았을 것이다. 그들은 판매자의 에너지를 소모시키고 판매에 큰 도움이 되지 않으며, 고객관리에서도 엄청난 비효율성을 초래한다. 블랙 컨슈머에 대응하는 방법 또한 자신감을 갖고 당당하게 대하는 것이다. 그리고 이들에게 당당하기 위해서는 판매자가 실력을 갖추고 올바른 판매가 이루어지고 있어야 한다는 전제조건이 붙는다. 자신감과 당당함은 소비자와의 관계에서 주도권을 형성하는 것과 동시에 판매자를 더욱 매력적으로 만들어 소비자의 더 큰 만족과 신뢰를 형성하는 요인으로 작용한다.

대부분의 사람들은 좋은 소비자다. 스스로 '을'의 입장을 자처하면서 정상적인 소비자를 '갑'이자 '이상한 소비자'로 만드는 것 또한 판매자의 말과 행동이 원인일 수 있다는 것을 기억하라. 당신은 비굴해지지 않고 소비자에게 존경받으며 상품을 판매할 수 있다. 그리고 그것은 바로 자신감에 달려있다.

성공한 것처럼 생각하고 행동하라 : 여유
성취를 달성하기 위해서는 성공한 것처럼 행동해야 한다. 성공한 것처럼 행동해야 한다는 말은 성공한 척을 하거나 허세를 부리라는 말이 아니라 성취를 위해 나아가는 과정에서 여유를 가지고 행동하라는 것이다. 여유는 다양한 도전과 시도를 할 수 있는 정신적인 여력이며 새로운 지식과 정보에 대한 수용성을 증가시키고 아무리 바뻔 상황 속에서도 영민한 판단과 행동을 이끄는 요인으로 작용한다.

성공한 것처럼 생각하고 행동하면 마음의 여유를 얻을 수 있는 것과 동시에 실제로 성공과 가까워진다. 달성하고자 하는 목표와 자신에 대한 믿음을 바탕으로 원하는 미래를 시뮬레이션하는 이미지 트레이닝의 효과다. 격투기 선수가 곧 맞붙게 될 상대방 선수의 경기 영상을 보며 행동 패턴과 습관을 분석하고 이를 이미지화 시켜 머릿속으로 트레이닝을 하는 것처럼, 성공한 상황을 이미지화하고 계속해서 반복하면 이루고자 하는 목표는 더욱 뚜렷해지고 동시에 사고도 확장된다. 단순히 간절히 바라는 것이 아닌 성공한 상황을 상상함으로써 그 입장과 위치에서의 시야와 사고를 얻을 수 있게 되는 것이다. 지금 당장 성공하지 않았더라도 머릿속에서는 언제든지 성공한 사람이 될 수 있으며 여기에는 아무런 비용이 발생하지 않는다. 그리고 더욱 구체적인 조건과 환경을 상상할수록 그 효과는 더욱 커진다. 이미지 트레이닝은 실제 연구와 실험을 통해 효과가 입증된 방법이다. 성공한 사람처럼 생각하고 행동하는 것은 당신의 행동에 영향을 미쳐 더 빠르게 성공으로 이어질 수 있는 환경을 조성한다.

두려움에 맞서라 : 실행

아무것도 하지 않으면 아무것도 얻을 수 없다. 하지만 무언가에 도전하고 시도한다면 무엇이라도 얻을 수 있다. 복권에 당첨되는 사람도 매우 희박한 확률이지만 복권을 사는 행위를 했기 때문에 당첨이 될 수 있었던 것이다. 성취를 달성하기 위해서는 끊임없이 새로운 시도와 도전이 필요하며, 때로는 리스크가 있는 투자를 해야 하는 경우도 발생한다. 그렇다면 성취를 달성하는데 가장 큰 장애물이 되는 것은 무엇일까? 바로 두려움이다.

두려움의 원인은 불확실성에서 온다. 사람은 투자에 대한 금전적인 비용, 시간과 에너지의 소모에도 불구하고 그에 합당한 성과가 나타나지 않을 수 있다는 불확실함에 두려움을 느낀다. 당신이 카페 창업을 생각하고 있다고 가정해보자. 자리도 알아봐야 하고 인테리어도 해야 하며 여기에는 비용이 발생한다. 메뉴도 개발해야 하고 현재 가용 가능한 자산에 맞추어 크기와 직원 수, 운영 시스템도 구축해야 한다. 성공에 대한 기대도 있지만, 실패에 대한 두려움도 있어 먼저 당신은 카페 운영에 대해 배워보고자 다른 카페에 직원으로 들어가기로 한다. 직원으로 근무하면서 카페 운영에 대한 노하우를 얻고 시행착오를 먼저 겪어보는 것은 분명 유익한 경험이 될 것이다. 그렇다면 카페를 차리는 시기는 언제가 적당할까? 아무리 많은 경험을 쌓는다고 하더라도 직접 카페를 차리는 것에서 오는 두려움은 여전히 존재한다. 창업에는 실패의 가능성이 존재하며, 배우는 것과 리스크를 감수하며 투자하고 실행으로 옮기는 것은 완전히 다른 영역이기 때문이다. 하지만 이런 상황에서 용기를 가지고 두려움을 이겨내지 못한다면 성취를 달성하기 위한 카페 창업의 시도조차 하지 못하게 될 것이다. 이를 극복하기 위해서는 두려움을 관리할 수 있는 역량과 용기가 필요하다.

두려움을 극복하고 실행하는 데 있어 가장 중요한 것은 현재 자신이 올바르게 나아가고 있다는 믿음을 가지는 것이다. 지금 나아가는 길의 끝에 성공이 있다고 믿는다면 두려움은 사라진다. 이미 결과를 알고 있기 때문이다. 내비게이션에 목적지를 정확하게 입력했다면 도중에 경로를 이탈하더라도 결국 목적지에 도착할 수 있는 것과 같다. 자신의 방향성에 대한 믿음과 확신은 용기를 형성하고 불확실성에서 오는 두려움을 이겨낼 수 있도록 도우며 시행착오를 겪더라도 투자한 시간과 에너지, 돈을 통해 얻을 수 있는 교훈과 성장에 집중할 수 있도록 만든다. 그리고 이렇게 배운 가치들은 하나의 점이 되어 지금 당장 눈에 보이지 않더라도 이후에 선과 면을 만들어내는 당신의 귀중한 자산이 된다.

두려움을 느낀다면 용기를 가지고 두려움에 맞서야 한다. 그리고 그 원인에 대해 생각하고 이를 해결하기 위한 노력을 해야 한다. 두려움을 극복하기 위해 한 걸음 내딛는 순간 두려움은 해결할 수 있는 과제로서 당신에게 모습을 드러내며 눈앞의 문제를 하나씩 해결해나가는 순간 당신이 느낀 두려움은 생각한 만큼 대단하지 않다는 것을 알게 될 것이다. 가장 중요한 것은 용기와 믿음을 가지고 두려움을 극복하고 시도하기 위한 첫걸음이며, 이후에는 당신의 의지와 노력이 자연스레 길을 제시한다.

성취를 위한 도약 : 전문성

전문성은 판매자에게 자신감을 부여하고 소비자와의 관계에서 신뢰를 형성하는 요인이다. 세일즈에서 전문성은 소비자의 니즈와 궁금점에 대해 올바르고 정확한 정보와 해결 방안을 제시해줄 수 있는 능력이기 때문이다. 소비자는 상품에 대한 판단 및 의사결정을 하는 과정에서 도움을 필요로 한다. 이때 소비자는 옆에서 올바르고 정확한 정보를 바탕으로 가치 있는 상품을 선택할 수 있도록 도움을 주는 판매자에게 신뢰를 느끼며, 반대로 궁금증에 대한 명확한 답변을 하지 못하고 실수하는 모습을 자주 보여주는 판매자에게 실망한다.

당신이 립스틱을 사기 위해 화장품 매장에 들렀다고 하자. 점원에게 물어보려고 하는데 상품 이름이 기억이 나지 않아 어떤 TV 프로그램에서 연예인이 사용했던 립스틱이라고 말했는데, 점원이 찰떡같이 알아듣고 모델과 색깔까지 알려준다. 다음에 다시 매장에 방문한다면 도움이 필요할 때 가장 먼저 찾는 사람은 바로 그 점원일 것이다. 이번에는 반대로 당신이 세금 신고를 위해 세무사를 만났다고 해보자. 세금과 관련하여 평소 궁금하던 부분에 대해 질문했지만, 제대로 답변을 못 하고 자신감도 없어 보인다. 당신은 이 사람에게 세금 처리를 맡길 수 있겠는가? 분야가 특화되고 전문화되어 소비자의 정보 접근성이 낮고 삶에 큰 영향을 미치는 상품일수록 전문성이 만들어내는 신뢰는 더 판매에 큰 영향력을 행사한다.

전문성은 성취를 달성하는 과정에서 휘두를 수 있는 가장 강력한 무기에 해당한다. 그리고 다른 판매자와의 경쟁에서 차별점을 가져다준다. 이혼 소송을 준비한다면, 이혼 소송을 전문으로 하는 변호사 중에서도 본인과 비슷한 사례를 많이 다뤄본 전문가와 함께하고 싶은 것이 당연하며, 마찬가지로 질병으로 인해 간 이식을 받아야 하는 상황이라면 여러 전문의 중에서도 간 이식에 특화된 전문성을 갖춘 의사를 찾고 싶은 것이 당연한 것이다. 소비자는 전문성을 갖춘 판매자에게 더 많은 도움을 받을 수 있다고 생각하기 때문이다.

소비자의 욕망은 단순하다. 본인에게 맞는 최적의 상품을 제시해 줄 수 있는 판매자를 찾고 상품을 선택한다. 변호사가 자신의 특기인 전문분야를 더욱 갈고 닦는 것, 의사가 자신의 전공과목에서 특정 분야에 더욱 파고드는 것은 학문에 대한 향상심이기도 하지만, 무엇보다도 특정 분야에 대한 전문성이 특정 수요층에 폭발적인 수요를 불러일으키기 때문이다. 전문성에 대한 개념은 식당의 경우에도 동일하게 적용된다. 당신이 김치찌개를 먹고 싶다면 여러 메뉴를 판매하는 분식집과 김치찌개 전문점 중에서 어느 식당에 먼저 관심이 가겠는가? 김치찌개 전문점이 여러 메뉴에 신경을 쓰는 분식집보다 더욱 맛이 좋을 것이라 생각하고 전문점을 찾아갈 것이다.

전문성은 당신이 성취를 달성하기 위해 기초가 되는 핵심 능력이다. 그러므로 본인의 분야에서 전문성을 끊임없이 계발해야 한다. 전문가가 될수록 당신은 자신감과 여유를 가지게 되며 소비자에게 만족과 신뢰를 주는 사람이 된다. 그리고 전문성은 실력을 형성하여 당신이 두려움을 극복할 수 있는 힘을 제공한다.

좋은 인간관계를 구축하라 : 협력

사람은 혼자서 모든 일을 해낼 수 없다. 시간이라는 물리적인 제약이 있기 때문이다. 그래서 우리는 일을 분업화하고 다른 사람들과 협력하면서 함께 업무를 처리해나간다. 따라서 다른 사람들과 어떠한 관계를 유지하고 시너지를 발휘할 수 있느냐 하는 점은 더 큰 성취를 달성하는 핵심 요인으로 작용한다.

사람들과 협력해 함께 일을 하는 과정에서 가장 중요한 것은 의사소통 능력이다. 의사소통 능력은 의견을 자유롭게 나누면서 더 좋은 의견을 도출하고 생각의 대립이 있더라도 상대방의 감정과 기분을 존중하며 유쾌하고 생산적인 대화를 이끌 수 있는 능력이다. 다른 사람과 다양한 의견을 주고받는 과정에서는 자연스럽게 메타인지가 형성되며 여기서 의사소통 능력은 메타인지를 형성하고 이를 활용하여 성취로 이어지는 과정의 효율을 결정한다.

세상의 모든 부는 사람으로부터 나온다. 새로운 기술이 개발되고 다양한 시장이 발생하고 있지만 결국 판매와 소비의 주체는 사람이다. 그리고 판매의 과정은 여러 사람들과 형성된 관계 속에서 협력을 통해 이루어지므로 어떤 사람과 관계를 맺고 어떠한 인간관계를 형성하여 서로 도움을 주고받느냐가 성취를 결정하게 된다.

다른 사람과 협력하는 과정에서 가장 중요한 덕목 중 하나는 '이타심'이다. 다른 사람을 위해 배려하고 존중하며 희생하는 마음이다.

이타적인 행위는 본인에게 손해가 된다고 생각할 수 있지만, 구성원의 배려와 희생은 전체 조직의 더 큰 성장을 불러일으키고 조직의 성장으로부터 발생하는 이득은 결국 본인에게 되돌아온다. 그리고 이 과정에서 이타심을 발휘함으로써 쌓이는 주변 사람들의 인정과 평판은 가치를 형성하여 더 큰 이득과 보상으로 되돌아온다. 반대로 손해 보지 않으려 하고 자신의 이득만 챙기려는 사람은 협력이 불가능한 사람으로서 이기적인 행동에 대한 주변 사람들의 평판으로 이어져 그 사람의 가치를 낮추고 더 큰 성취를 거머쥘 수 없도록 만든다. 모순적이게도 이타심은 이기심보다 더 많은 것을 얻을 수 있도록 만드는 덕목인 것이다.

협력이 중요한 또 하나의 이유는 사람은 우리에게 영감을 불어넣을 수 있는 가장 큰 자극이라는 점이다. 나 자신의 생각과 경험 그리고 다른 사람의 생각과 경험이 만나 발생하는 스파크는 새로운 자극과 영감을 불어넣어 새로운 아이디어를 탄생시킨다. 이는 더욱 창의적이고 융통성 있는 사고를 가능하게 하며 새로운 기회를 포착하고 문제를 해결할 수 있는 직관과 통찰을 형성한다.

아무리 힘든 일도 좋고 말이 잘 통하는 사람들과 함께하면 즐겁게 일하며 쉽게 풀어나갈 수 있고 아무리 쉬운 일도 협력이 되지 않는 사람들과 함께하면 즐겁지 않고 어렵게 풀린다. 더 큰 성취를 달성하고 싶다면 먼저 스스로 좋은 사람이 되어야 한다. 그리고 협력해야 한다. 다른 사람과 좋은 인간관계를 구축하고 협력하며 발생하는 다양한 가치는 당신의 성취를 돕고 더욱 즐겁게 일할 수 있는 환경을 제공한다. 사람들과의 좋은 인간관계는 세일즈에서의 성취를 포함하여 행복한 삶으로 이어지는 삶의 본질이다.

당신에게 맞는 일 : 적성

당신이 현재 하고 있는 일이 스스로 잘 맞는다고 생각하는가? 적성을 물어보는 질문이다. 적성의 사전적 정의는 '어떤 일에 알맞은 성질이나 적응 능력, 또는 그와 같은 소질이나 성격'을 의미한다. 당신이 현재 업무에서 성취를 내고 있지 못하다면 일이 적성에 맞지 않는 것일까? 그렇지 않다. 적성은 선천적으로 주어지는 것이 아니라 계발되고 갖추어질 수 있는 것이기 때문이다.

적성은 개인이 자신이 만들어낸 결과를 정당화할 수 있는 가장 강력한 수단 중 하나에 해당한다. 적성을 선천적으로 타고난 능력으로 취급하게 되면 본인이 성취를 내지 못하는 이유 그리고 다른 사람이 성취를 만들어내는 이유를 너무나도 쉽게 합리화할 수 있기 때문이다. 하지만 자신의 실력과 노력의 문제가 아니라 다른 요인에 의해 결과는 이미 정해져 있다는 태도는 성장과 성취를 가로막는 가장 강력한 장애물로 작용한다.

적성은 노력에 의해 갖출 수 있는 자질이다. 따라서 결과에 대한 적성을 논하기 전에 본인이 충분히 시도해보고 노력하며 본인의 일에 적합한 능력과 소질, 성격을 형성하기 위해 노력했는지를 되물어봐야 한다. 자전거를 처음 탈 때는 균형을 잡는 것이 어렵지만, 한번 배우게 되면 타는 법을 다시 잊어버리지 않는다. 혹시 지금 하는 일이 적성에 맞지 않는다고 느껴진다면, 지금은 자전거에서 균형을 잡는 법을 배우는 과정에 있을지도 모른다. 하지만 일단 균형 잡는 법을 익히고 나면 당신의 체력을 바탕으로 누구보다 빠르게 달릴 수도 있고 당신의 센스로 온갖 묘기를 부릴 수 있을지도 모르는 일이다. 태어날 때부터 경영을 잘하고, 리더십을 갖추고, 판매를 잘하는 사람은 없다. 다양한 경험, 배움을 통해 이에 적합한 능력을 키워나가면서 적성을 갖추는 것이다. 핵심은 본인의 일에서 적성을 갖추기 위해 배우고 노력할 준비가 되어있느냐 하는 점이다.

적성을 갖추기 위한 노력 없이 성장 과정에서 있었던 경험과 배움으로 특정한 일에 적성을 갖추게 된 사람들은 그 적성에 맞는 일에서 성취를 낼 수 있지만, 다른 일을 하게 되면 성취를 달성하지 못한다. 하지만 당신이 적성을 갖출 수 있는 사람이라면 어떤 일이 주어지든 당신은 성취를 달성할 수 있다. 모든 일이 적성에 맞기 때문이다.

소비자를 위하는 마음 : 진심

많은 판매자들이 잘못 생각하는 한 가지가 있다. 고객이 최적의 소비를 하지 않으면 그 효용이 판매자에게 돌아온다는 생각이다. 이는 거시경제학적 측면에서 맞는 이야기지만 개별 판매자 시장에서는 적용되지 않는 잘못된 생각이다. 소비자가 최적의 소비를 할 수 있도록 돕지 못하는 판매자는 소비자의 수요를 불러일으키지 못하고 최적의 소비를 할 수 있도록 돕는 판매자에게 수요가 집중되기 때문이다.

진심으로 고객을 위해 좋은 상품을 판매하는 것이 더 큰 신뢰와 만족으로 자신에게 돌아온다는 것을 모르는 판매자들이 생각보다 많다. 그래서 소비자에게 적합한 상품보다는 자신에게 더 큰 이득이 돌아오는 상품을 추천하고, 이를 위해 편향되고 잘못된 정보를 제공하는 잘못된 방식으로 고객의 시야를 가리기도 한다. 특히 이런 상황은 소비자에게 정보 접근성이 낮은 상품의 경우에 주로 발생한다. 혹시 당신이 세일즈를 한쪽이 이득을 보고 한쪽이 손해를 보는 윈-로즈(win-lose)이자, 제로섬(zero-sum)적인 사고방식을 가지고 있다면 이러한 생각을 완전히 바꾸어야 한다. 소비자의 입장에서 바라볼 때, 좋은 구매를 했다고 생각했지만 나중에 확인해보니 더 나은 선택지가 있었고 올바른 정보를 얻지 못했다는 사실을 알게 되었다면, 소비자는 어떤 생각을 할까? 판매자와 상품에 대한 불신이 깊게 자리 잡아 다시는 찾지 않게 될 것이다. 자신의 이득을 위해 소비자에게 적합한 상품을 판매하지 않고 자신에게 유리한 상품을 파는 행위는 단기적으로 이득을 볼 수 있지만, 장기적으로 더 큰 성취로 이어지지 못하게 만드는 가장 큰 장애물로 작용한다.

판매자는 소비자에게 적합한 상품에 대한 개념을 올바르게 정립할 필요가 있다. 소비자를 위한 상품이 적은 이윤을 가져다주는 상품인가? 그렇지 않다. 고객에게 만족도가 높은 인기 상품은 이윤이 적고 가격이 저렴한 상품을 의미하지 않기 때문이다. 판매자와 상품이 제공하는 가치가 충분하다면 소비자는 더 많은 돈을 지불하더라도 소비한다. 따라서 소비자에게 적합한 상품을 이윤의 크기로 규정 짓는 것은 잘못된 생각이다. 마찬가지로 가격이 저렴하고 이윤이 적게 남는 상품이 반드시 소비자에게 적합한 상품을 의미하는 것은 아니다. 따라서 판매자는 가치 있는 상품을 찾고 만들어야 한다. 그리고 가격은 상품의 가장 큰 경쟁력 중 하나이므로 가격을 낮출 수 있다면 낮추고, 반대로 가격을 높인다면 그에 합당한 가치를 제공해야 한다.

소비자가 상대적으로 이윤이 적게 남는 상품을 저렴하게 구매했다. 판매자는 손해를 봤는가? 아니다. 판매자는 금전적인 이득뿐만 아니라 고객의 만족과 신뢰, 마음까지도 얻었다. 혹시 수익이 적다면 더 많은 가치를 제공하고 더 큰 수익을 발생시킬 수 있는 효율적인 수익 구조를 만들어야 할 것이다. 판매자는 진심으로 고객을 위하는 것이 자신에게 더 큰 이득으로 돌아올 수 있다는 것을 깨달아야 한다. 상품 판매의 과정에서 소비자를 위한다는 진심은 소비자로 하여금 재구매와 추가구매, 소문을 통한 긍정적인 이미지 및 브랜딩을 촉진하는 핵심 역할을 담당하기 때문이다. 모든 물질적, 정서적인 거래에는 상호성이 있어 주는 만큼 받는다. 마찬가지로 진심으로 소비자를 대하는 판매자는 소비자에게 진심을 얻는다. 소비자를 위하는 마음은 곧 판매자 자신을 위하는 마음이며, 더 큰 자산으로 되돌아온다.

성공을 위한 대가 : 실력

어떠한 결과를 만들어내는 과정에는 대가가 필요하다. 그렇다면 성취를 달성하기 위해 당신이 지불할 수 있는 대가는 무엇인가? 투자자라면 돈과 시간이 될 것이며, 학생이라면 학습에 대한 의지와 시간일 것이다. 그리고 판매자라면 그 대가는 돈, 시간, 정성이라는 자산이 종합적으로 작용할 것이다. 성취를 달성하는 데 대가가 필요하다면 더 많은 대가를 지불할수록 성취를 달성하는 시간은 빨라지고 더 큰 성취를 이룰 수 있게 될 것이다. 그렇다면 판매자가 가지고 있는 어떠한 자산이 성공에 가장 큰 대가로 지불될 수 있을까? 바로 실력이다.

실력은 곧 판매자의 가치를 의미한다. 의사소통 및 인간관계 능력, 성품과 인성, 자세와 태도, 정신적, 신체적 건강, 확실한 일 처리, 성공할 수 있다는 믿음, 자신감, 두려움을 이겨내는 용기, 다른 사람과의 협력, 분야에 대한 전문성, 자기 객관화 및 성찰, 외적 용모 및 자금 등 판매자의 실력을 구성하는 다양한 요소들은 종합되어 가치를 형성하고 성공을 위한 대가로 작용하여 판매자를 그 가치에 맞는 위치로 끌어당긴다. 높은 위치에 있는 사람도 그 위치를 감당할 실력이 없는 사람이라면 결국 자신의 실력에 맞는 위치로 돌아오게 되는 것이다. 여기서 말하는 핵심은 성공을 위해 실력을 키우고 갖춰야 한다는 것이다.

실력은 한순간에 얻어질 수 있는 것이 아니며 편법도 존재하지 않는다. 어떠한 지식은 한순간에 얻어질 수 있지만, 성공을 위한 대가를 구성하는 핵심 역량들은 당신의 삶 속에서 다양한 경험과 시행착오, 성찰과 노력이라는 과정을 통해 형성되기 때문이다. 세일즈에서 성공하고 싶다면 돈, 시간, 정성을 투자하고 실력을 갖추기 위해 노력해야 한다.

다른 사람의 실력을 빌리는 것이 아니라면 성공은 전적으로 판매자의 실력에 달려있다. 실력은 결과로 이어지는 과정을 효율적으로 만들며 성취를 촉진하고 불운에도 무너지지 않는 탄탄하고 안정적인 기반을 형성한다.

당신을 배신하지 않는 것 : 노력

성취를 달성하는 데 있어 노력의 가치는 필수 불가결한 요소로서 이전부터 꾸준히 강조되어왔다. 우리는 어린 시절부터 노력의 가치에 대해서 끊임없이 이야기 들었고 노력을 통해 많은 결과물이 만들어지는 것을 직접 경험했다. 하지만 노력에도 불구하고 성취를 달성하지 못한 실패도 경험해보았을 것이다. 때로는 실패의 경험이 반복되면서 재능과 운에서 그 원인을 찾아 실패를 정당화하고 최선과 노력의 가치를 낮추기도 하지만 이는 노력의 의미를 잘못 이해하고 있기에 발생하는 오류에 해당한다.

노력에도 종류가 있다. 바로 '학습'과 '행동'이다. 따라서 성취를 만들어내기 위해서는 학습과 행동의 영역을 명확하게 구분할 수 있는 능력이 필요하다. 학습영역은 기존 방식에서 새로운 방식을 시도하면서 능력을 발전시키고 업무를 더욱 효율적으로 개선하고 발전시키는 노력의 영역이다. 공부를 예로 들면 높은 성취를 달성하기 위해 효율적인 공부 방법을 연구하고 시도함으로써 성취를 달성할 수 있는 더욱 효율적인 방법을 찾아 노력의 방향성을 설정하는 것이다. 다음으로 행동영역은 학습을 통해 정립된 노력의 방향성을 바탕으로 반복하고 숙달하여 능숙하게 처리하는 노력의 영역이다. 공부를 할 때 정해진 공부 방법을 바탕으로 시간을 투자하고 성실하게 공부하는 것이다. 유능한 사람은 학습과 행동의 노력을 필요한 상황에 맞추어 발휘하면서 성취를 만들어낸다.

학습영역이 목표를 향한 방향의 설정이라면 행동영역은 정해진 방향을 바탕으로 한 전진이다. 당신이 시간을 투자한다고 해도 잘못된 공부 방식을 통해 비효율적으로 공부한다면 성적은 나오지 않을 것이며, 마찬가지로 당신이 다양한 시행착오를 통해 본인에게 적합한 공부 방법을 찾았다고 하더라도 시간을 들여 공부하지 않으면 성적이 나오지 않을 것이다. 여기서 중요한 점은 성과를 이루는 과정에서는 학습과 행동의 노력이 반드시 동반된다는 사실이다. 혹시 당신이 열심히 노력하고 있지만 성과를 내지 못하고 있는 상황이라면 어느 하나의 노력에만 매몰되어있는 것이 아닌지를 고민해볼 필요가 있다. 노력을 통해 성취를 달성하는 사람은 더 나은 방법을 찾기 위해 끊임없이 노력의 방향성을 설정하고 수정하면서 그 방향성을 바탕으로 끊임없이 나아가는 사람이다.

노력은 배신하지 않는다. 그리고 노력의 과정은 결과를 반드시 만들어낸다. 원하는 성취를 얻지 못한 상황에서 드러나는 부분에만 초점을 맞춘다면 헛된 노력이 될 뿐이지만, 노력의 과정에서 느끼는 감정과 생각, 배움과 깨달음 등의 요소들은 가시적으로 드러나지 않을 뿐 노력의 결과물로서 수많은 가치를 만들어낸다. 노력의 방향성이 올바르게 설정되고 노력이 동반된다면 당신의 노력은 반드시 성취로 이어진다는 것을 기억하라.

흐르는 물은 돌을 깎는다 : 꾸준함

오랜 시간 흐르는 물은 돌을 깎는다. 꾸준함의 중요성이다. 꾸준함은 성취를 이끄는 노력의 기초인 성실함과 끈기, 인내 등의 다양한 가치를 포함하며 반복의 과정에서 동반되는 여러 장애물과 어려움에도 불구하고 이에 맞서 행동을 지속해나갈 수 있는 능력이다.

성취를 달성하는 조건은 임계점이 존재한다. 그리고 분야와 업무에 따라 성취로 이어지는 임계점은 다르게 형성된다. 새로 개업한 쌀국수집이 있다고 하자, 어느 정도 사람들에게 알려진 브랜드가 아니라면 인지도가 쌓이고 고객이 많아질 때까지는 어느 정도의 시간이 필요할 것이다. 수익을 발생시키려면 고정비와 원가, 인건비를 감당할 수 있는 매출을 통해 손익분기점을 넘겨야 하지만 넘기지 못한다면 적자가 발생할 것이며, 돈을 벌고자 개업한 사장에게는 상당한 타격일 것이다. 하지만 이를 버티며 꾸준하게 맛있는 음식을 제공하고 친절하게 대응함으로써 소비자에게 만족을 제공한다면 고객이 쌓이고 인지도가 형성되면서 더 많은 손님이 방문하게 되고 시간이 지남에 따라 매출은 계속해서 증가하게 될 것이다.

많은 사람들은 성취가 없으면 실패라고 단정 짓는다. 때로는 성취와 실패의 결과조차 알 수 없는 경우도 발생한다. 이런 상황에서는 일을 지속하는 것에 대한 회의가 찾아오기도 하지만 꾸준함은 언젠가 반드시 결과를 만들어낸다.

만약 당신이 세일즈에서 성취를 달성하고 있다면 꾸준함은 이 성취를 누적시켜 판매의 확장으로 이어지는 폭발적인 성취로 연결시킨다. 꾸준한 판매는 주력상품과 충성고객을 만들고 브랜드 가치를 형성하면서 더 큰 성취 달성을 돕기 때문이다. 꾸준함은 그 과정에서 분야에 대한 전문성을 계발할 수 있도록 만들어주고 더 넓은 시야를 통해 성취로 이어지는 길을 제시한다. 혹시 당신이 올바른 방향성을 갖추고 일을 꾸준하게 반복하고 있음에도 성취를 만들어내지 못하고 있다면 자신에 대한 믿음을 가지고 꾸준함의 가치를 실현하라. 지하수는 반복된 수많은 두드림 끝에 이루어지는 마지막 한 번에 의해 그 물을 뿜어낸다.

성과를 만드는 토대

지금까지 세일즈의 주체가 되는 판매자의 가치를 형성하는 요소와 판매자가 갖추어야 하는 역량에 대해서 들여다보았다. 모든 행동의 주체는 나 자신이며 스스로를 다스리고 발전시키는 행위는 세일즈뿐만 아니라 성공과 관련된 모든 분야에 적용될 수 있는 본질이다. 사람이 이루어내는 모든 일은 그 과정 속에서 주체가 되는 사람의 역량이 모든 것을 좌우하기 때문이다. 업무에서의 성취, 인간관계, 취업, 공부, 사랑 등 성취를 이루어내는 과정의 바탕에는 이 장에서 설명한 핵심 역량들이 공통으로 적용되며, 이를 충족시킨다면 어떠한 분야에서든 큰 성취를 달성할 수 있다.

판매자의 가치를 형성하는 것은 마치 큰 건물을 짓기 전에 단단하고 튼튼한 기반을 다지는 기초공사와 같다. 당신이 만든 토대 위에는 노력을 통해 모래성이 쌓아질 수도 있고 고층빌딩이 지어질 수도 있지만 모랫바닥에는 빌딩이 지어질 수 없다. 항상 자신을 믿고 아껴주며, 실력을 키워 당신의 가치를 형성하라. 성취를 달성하는 것은 외부의 환경이나 다른 누구도 아닌 바로 당신에게 달려있다.

상품의 가치

상품은 소비자가 필요로 하는 것, '니즈' 그 자체로서 소비자의 니즈를 충족시키고 만족을 느끼게 만드는 제품과 서비스를 의미한다. 따라서 가치 있는 상품이란 다양한 조건과 성향을 가진 소비자가 각자 가지고 있는 니즈를 충족시켜 줄 수 있는 최적의 상품을 의미한다. 날씨가 더운 여름에는 오리털 점퍼를 알아보는 사람이 없고, 못 먹는 음식이 있는 사람은 그 음식을 판매하는 식당에 관심이 없으며, 경유 차량을 운전하는 사람은 휘발유 가격의 변화를 크게 신경 쓰지 않는다. 필요로 하지 않기 때문이다.

소비자들은 사람으로서 특정 상품에 대한 공통된 니즈를 가지면서도 개인의 조건과 환경, 성향에 따라 세분화된 니즈를 가지고 있다. 그래서 상품은 성별, 나이, 키, 외모, 몸매, 성격, 취향, 직업, 경제력 등의 개인적 요소와 지역, 경제, 문화, 사회와 같은 환경요소에 의해 결정되는 다양한 니즈에 맞추어 개발되고 소비자에게 제공된다. 의료서비스는 모든 사람에게 건강이라는 공통적인 니즈를 충족시키지만 치료가 필요한 내용에 따라 세부 진료과로 구분되며, 음식은 모든 사람의 식욕이라는 니즈를 충족시키지만 다양한 재료와 조리 방식을 통해 만들어진 음식으로 세부적으로 분류된다. 소비자는 본인의 니즈를 충족시켜 주는 상품을 찾고 그 가치에 따라 비용을 지불함으로써 만족을 얻는다.

상품의 가치는 같은 상품이라도 소비자마다 니즈가 다르기에 각자 다르게 인식한다. 어느 누군가에게는 최고의 상품이 다른 누군가에게는 별로인 상품이 될 수 있는 것이다. 바나나를 좋아하는 사람은 바나나를 맛있게 먹지만, 바나나를 먹으면 속이 안 좋은 사람은 바나나를 먹지 않는다. 소비자마다 상품을 이해하는 가치가 다르기에 판매자는 상품이 모든 사람의 니즈를 충족시켜 줄 수 없다는 사실을 먼저 이해해야 한다.

가치는 상대적이지만 상대적인 차이에도 불구하고 공통적으로 가치가 있다고 인식되는 상품이 가지고 있는 특징이 있다. 이 특징을 알고 있으면 보편적인 소비자에게 만족을 줄 수 있는 상품을 분별함으로써 가치 있는 상품을 소비자에게 제공하고 만족시켜 판매를 달성할 수 있다.

가치 있는 상품의 특징 중 하나는 그 가치가 소비자에게 명확하게 제시되고 인식될 수 있는 직관적이고 직접적인 기능을 담고 있다는 것이다. 요가 프로그램이라면 유연성, 근력 향상, 자세 습득, 즐거운 분위기 등 명확한 의도와 목표를 통해 소비자에게 가치를 전달할 수 있는 프로그램이 목표를 제시하지 않고 이루어지는 요가 프로그램보다 소비자에게 매력적으로 작용하며, 암보험 상품이라면 특정한 암의 종류를 나열하고 해당되는 암만 보장받을 수 있는 상품보다는 암을 진단받으면 무조건 받을 수 있는 단순하고 직관적인 상품이 소비자에게 더 쉽게 이해되고 가치 있게 인식된다. 즉, 상품을 통해 얻을 수 있는 이점과 혜택이 소비자에게 명확하게 전달될 수 있도록 겉으로 드러나고 소비자가 직관적으로 쉽게 이해할 수 있는 상품이어야 한다는 것이다. 내용이 복잡한 상품이라면 가치를 전달하는 과정을 단순하고 간결하게 만들어야만 소비자가 더욱 가치 있는 상품으로 인식하며, 반대로 내용이 간단한 상품이지만 어렵고 복잡하게 설명한다면 이는 판매자의 미숙함이 드러난 것이거나 문제가 있는 상품이다.

상품의 가치는 소비자에게 올바르게 가치가 전달되기 위한 전제조건이다. 그리고 상품의 가치가 클수록 소비자에게 더 많은 효용과 만족을 제공한다. 이 장에서는 상품의 가치를 형성하는 요소들에 대해 다루게 될 것이다.

상품의 종류

이 책에서는 상품의 종류를 제품과 서비스로 구분한다. 소비자의 니즈는 이를 충족시킬 수 있는 가치를 가진 상품으로 가공되어 돈으로 거래된다. 상품의 종류에 대해 알아보자.

(1) 제품

제품이란 판매를 목적으로 만들어진 물건이다. 지금 당신이 사용하고 있는 책, 공책, 책상, 침대, 이불, 음식, 옷, 스마트폰과 같이 가공되어 거래가 이루어지는 모든 물건은 제품이며, 하나의 제품 안에서도 디자인, 크기, 기능, 내용 등에 따라 수많은 종류의 제품으로 분류된다.

제품은 생산 과정의 효율을 위해 대량으로 생산된다는 특징을 가지고 있으며, 상품의 기능을 소비자가 직관적으로 인식할 수 있도록 규격화된 기준을 통해 표시된다. 옷의 경우 XL, L, M, S 등의 기준을 통해 사이즈를 구분하고 신발은 mm의 단위를 통해 크기를 구분하며 스마트폰의 경우 모델명을 통해 제품을 구분한다. 또한 국가에서 인증한 KC 마크(Korea Certification mark)를 통해 상품의 안정성을 확인하기도 한다. 이러한 기준과 단위는 소비자가 상품을 판단할 수 있는 기준을 제공함으로써 소비자가 직관적으로 상품의 가치를 판단할 수 있도록 돕는 역할을 한다. 제품의 또 다른 특징으로는 판매 과정에 유통이 반드시 동반된다는 것이다. 따라서 효율적인 유통 구조를 확립하는 것은 가격에서의 경쟁력을 확보하고 성취를 달성하는 중요한 요인으로 작용한다.

(2) 서비스

서비스는 가치를 제공하는 무형의 자산이다. 서비스는 형태가 없는 자산이기에 노동이 되기도 하고 새로운 경험, 사람의 감정과 욕구, 정보와 지식이 되기도 한다. 서비스는 삶을 더욱 윤택하게 만들어주는 효용 가치가 있는 활동으로 국방, 의료, 보안, 문화, 교육, 금융, 휴식, 전문지식 등 다양한 분야에서 우리의 삶에 영향을 미친다. 서비스는 특정한 활동이기에 시간과 공간, 판매자의 역량을 자원으로 하며, 그 종류와 형태가 매우 다양하다는 특징이 있다. 방범 서비스, 배달 서비스, 플랫폼, 광고 대행과 같은 서비스는 문화와 기술, 생활 양식이 변화하는 것에 맞추어 변화하고 새롭게 출현하며 사라지는 과정을 반복한다.

서비스의 또 다른 특징은 판매자의 역량이 상품의 가치를 결정짓는 주요한 요인이라는 것이다. 학원 강사라면 강사의 실력, 즉 전문지식과 교육 능력, 유머 등에 따라 상품의 가치가 결정되며, 단순 노동 서비스의 경우에도 기술을 가지고 숙련된 사람이 가치 있게 평가받고 더 많은 일당을 받는다. 서비스를 통해 제공되는 가치가 높을수록 가격 또한 높아지므로 판매자의 실력이 좋을수록 서비스의 가격은 높아지고 가격을 유지한다면 초과 수요로 이어져 더 큰 성취를 달성할 수 있다. 따라서 서비스를 제공한다면 그 가치를 높이기 위해 노력해야 하며, 서비스의 가치가 판매자의 실력에 영향을 얼마나 받는지, 서비스의 가치가 가격의 상승으로 이어질 수 있는지 등을 고려한 판매 전략을 수립해야 한다.

상품의 분류
상품은 수많은 제품과 서비스로 구성되며 다양한 기준을 바탕으로 분류될 수 있다. 상품을 분류하는 주요 기준과 이에 따른 특징을 알아보자.

(1) 일회성/반복성

상품은 특정 상황에서만 필요하거나 한번 구매하면 장기간 효력이 지속되어 단품으로 소비가 이루어지는 일회성 상품과 꾸준히 필요가 발생하고 상품의 효력이 짧아 반복해서 구매가 이루어지는 반복성 상품으로 구분된다. 드라이버, 펜치와 같은 공구나 연장의 경우에는 한번 사면 없어지기 전까지는 그 효력을 유지하는 일회성 상품이며, 반대로 치약의 경우 매일 이를 닦는 과정에서 사용되는 생필품으로서 정기적으로 구매가 이루어져야 하는 반복성 상품에 해당한다.

일반적으로 일회성 상품보다는 반복성 상품에 대한 수요가 더 크게 형성된다. 남성이 정기적으로 이발을 하는 것과 같이 반복성 상품은 최소한의 수요가 계속해서 보장되기 때문이다. 시장에서 판매되는 대부분의 상품들은 반복성 상품으로 시장이 넓게 형성되고 수요가 많은 만큼 경쟁이 치열한 편이며, 일정 주기로 수요가 반복되므로 수요를 추가적으로 확보하고 유지하기 위한 고객관리의 중요성이 강조된다. 반대로 일회성 상품을 판매한다면 단품으로 소비가 마무리되더라도 일정 수요가 확보될 수 있는 사람에게 공통적인 니즈가 있는 상품, 넓은 시장을 형성하는 상품을 선택해야 하며, 특정 분야의 상품을 판매한다면 타깃층을 명확히 하고 이를 독점할 수 있는 판매 시스템을 구축해야 한다.

(2) 유형/무형

상품은 그 형태에 따라 유형의 상품과 무형의 상품으로 나뉜다. 유형의 상품은 실체가 있는 상품으로 제품에 해당하며 무형의 상품은 실체가 없는 상품으로 서비스에 해당한다. 무형의 상품은 실체가 없기에 그 내용이 보통 문서화되어 계약으로 거래되며, 소비자가 그 내용을 직접 확인하는 것이 상대적으로 어려우므로 판매자에 대한 신뢰가 구매에 중요한 영향을 미친다는 특징이 있다. 반대로 유형의 상품은 그 내용을 직접 확인할 수 있으므로 상품의 내용이 구매에 영향을 미친다. 햄버거를 구매한다면 실체가 있는 유형의 상품이기에 재료와 맛을 바탕으로 햄버거를 선택할 것이며, 무형의 금융상품인 보험을 가입한다면 보장내용도 중요하지만 보험사와 설계사에 대한 신뢰가 보험을 가입하는 주요한 요인이 될 것이다. 또한 무형의 상품은 그 실체가 보이지 않기에 판매 과정이 더욱 복잡하고 어렵다는 특징이 있다.

따라서 유형의 상품을 판매한다면 상품 내용의 차별화를 통해 고객을 만족시킬 수 있는 상품을 찾고 개발하는 것에 초점을 맞추어야 하고 무형의 상품을 판매한다면 상품 내용의 차별화와 함께 소비자에 신뢰를 형성할 수 있는 방법을 강구해야 한다.

(3) 고가/저가

상품은 가격에 따라 고가의 상품과 저가의 상품으로 나뉜다. 그리고 상품에 정해진 가격은 그 내용이 소비자에게 얼마나 가치를 전달하고 만족을 시켜줄 수 있느냐에 따라 결정된다. 부동산이 다른 자산에 비해 높은 가격으로 거래되는 이유는 인간이 살아가는 삶의 터전이기 때문이며, 불량식품이 저렴하게 판매되는 것은 '불량'이라는 단어 그대로 그 가치가 적다고 취급받는 상품이기 때문이다.

상품을 판매하는 과정에서 소비자는 고가의 상품을 구매할 때 그 가격보다는 그 가치에 더 큰 비중을 두고 구매 결정이 상대적으로 오래 걸린다는 특징이 있으며, 저가의 상품은 구매 시 상대적으로 순간적인 감정과 판단, 가격에 더 큰 비중을 두고 구매 결정이 단기간에 이루어진다는 특징이 있다. 집을 산다면 고액인 만큼 집의 구조, 크기, 위치, 주변 시설, 일조량, 주차공간 등 다양한 부분을 고려하고 계약과 관련된 위험부담을 줄이기 위해 면밀히 알아보고 구매를 결정할 것이며, 직접 살게 될 공간이기에 가용금액이 충분하다면 가격이 조금 더 높더라도 더욱 조건이 좋고 마음에 드는 집을 구매할 가능성이 높다. 하지만 마트에서 과자를 산다면 어떤 과자가 좋을지 면밀하게 검토하기보다는 선택의 순간에 끌리는 과자를 구매하게 될 것이다. 따라서 판매하는 상품이 고가라면 가치를 더욱 강조하는 전략을 활용하고 저가라면 상품을 강하게 인식시켜 소비자의 관심과 만족을 이끌어 구매 결심으로 연결시키는 전략을 활용해야 한다.

(4) 대량/소량

상품은 생산되고 공급되는 수에 따라서 대량의 상품과 소량의 상품으로 구분된다. 대부분의 상품은 대량으로 생산되지만, 지나친 공급이 가치의 하락을 유발할 수 있는 상품의 경우에는 의도적으로 소량의 상품을 생산하기도 한다. 명품시계와 같이 한정된 수량을 생산함으로써 소비자가 소유에 대한 욕망을 더 크게 느껴 희소성의 가치가 반영되는 상품이 있고 영상 콘텐츠와 같이 소비자에게 연결될 수 있는 창구만 충분하다면 얼마든지 복제가 가능하면서도 가치가 떨어지지 않는 상품도 존재한다.

대량의 상품과 소량의 상품은 생산자의 생산 효율을 고려한 공급과 소비자의 수요가 결합하여 결정된다. 상품은 수요가 많으면 그만큼 많이 생산되며, 수요가 적으면 그만큼 적게 생산되는 것이다. 또한 의류제품과 같이 상품 내에서 개성과 다양성이 가치에 영향을 미치는 상품일수록 소량으로 생산된다는 특징이 있다. 그래서 대량의 상품은 수요가 많은 만큼 시장이 넓고 경쟁이 치열하며, 소량의 상품은 가치를 보존하기 위한 이유로 적게 생산되는 경우가 많은 만큼 시장은 상대적으로 작게 형성되고 소비자에게 상품의 가치를 전달하는 것의 중요성이 강조된다.

(5) 신품/중고품

상품은 새로 생산되었느냐 또는 기존의 상품이 재판매되느냐에 따라 신품과 중고품으로 구분된다. 신품은 새롭게 만들어진 상품이며, 중고품은 이미 사용된 제품이 다시 상품화된 것으로 '기존에 구매되어 사용된 사실'을 기준으로 한다.

문화적, 기술적 환경의 변화에 따라 다양한 상품이 새롭게 출시되고 사라지는 경우가 빈번해지면서 상품의 주기는 짧아지고 새로운 구매 또한 더욱 활발해지고 있다. 이 과정에서 신품을 구매하여 필요가 없어진 제품 및 서비스가 타인에게는 여전히 가치를 형성하는 경우 상품이 되어 재거래된다. 중고거래 플랫폼 등 중고거래에 대한 접근성이 높아지고 중고품이 경제적이라는 인식도 확산되면서 중고거래는 점차 활성화되고 있으며, 소모품이 아닌 상품, 즉 사용하더라도 그 가치가 크게 변동되지 않는 책, 장식품, 이용권 등과 같은 중고품들은 관리 상태와 조건에 따라 원래의 가치를 보전하고 때로는 가치가 증가하는 상황이 발생하기도 한다.

대부분의 상품은 신품이지만 중고품 시장은 계속해서 성장하고 있으며, 중고품의 공급과 수요가 원활하지 않은 특성을 이용하여 중고 물품을 전문적으로 취급하는 업체도 계속해서 생겨나고 있다.

(6) 정보 접근성

상품은 정보 접근성에 따라 접근성이 높은 상품, 접근성이 낮은 상품으로 구분된다. 접근성이 높은 상품은 고객이 상품에 대한 정보를 얻기 쉬운 상품이며, 접근성이 낮은 상품은 고객이 상품에 대한 정보를 얻기 어려운 상품이다.

상품에 대한 정보 접근성은 판매 과정에 영향을 미친다. 상품에 대한 정보가 많을수록 소비자는 판매자에게 의존하지 않으며 상품에 대한 정보가 제한될수록 소비자는 판매자에게 더 크게 의존하기 때문이다. 또한 상품에 대한 정보 접근성이 낮을수록 소비자는 상품을 어렵게 인식하고 복잡하게 느낀다. 그래서 판매의 과정에서 소비자와 더 많은 상호작용이 필요하고 시간이 소요되며, 판매자에 대한 신뢰가 구매 결심에 주요한 요인으로 작용한다. 의지할 수 있는 판매자에게 어렵고 복잡한 상품의 선택을 맡길 수 있기 때문이다. 반대로 정보 접근성이 높은 상품은 소비자와 상대적으로 적은 상호작용이 이루어지며 판매의 과정이 짧다는 특징이 있다. 요즘은 인터넷, 커뮤니티 등 상품에 대한 정보를 얻을 수 있는 창구가 많아짐에 따라 정보 접근성이 낮은 상품은 많이 적어졌지만, 중고차 시장, 지식 서비스, 새로운 분야의 상품 등과 같이 정보 접근성이 낮은 상품은 여전히 존재한다. 따라서 정보 접근성이 높은 상품을 취급하는 판매자는 소비자가 간과할 수 있는 부분 또는 혜택과 장점에 초점을 맞추어 가치를 전달해야 하며, 정보 접근성이 낮은 상품을 취급하는 판매자는 정보 소비자의 불확실과 의심을 제거하기 위해 노력하고 신뢰받기 위해 전문성과 실력을 키우는 것에 집중해야 한다.

상품의 수명

상품은 영원하지 않다. 상품 또한 생물과 같이 시간이 흐름에 따라 끊임없이 새로 탄생하고 사라지는 과정을 반복하기 때문이다. 상품의 수명은 소비자가 상품을 구매함으로써 효용이 발생하는 기간으로 소비자의 재구매에 영향을 미치는 요인이다. 상품의 수명에 대해 알아보자.

(1) 물리적 수명

물리적 수명은 내구성 또는 시간의 경과에 따라 도래하는 수명이다. 실체가 존재하는 제품은 시간이 지나면서 물리적인 마모, 손상, 고장 등 상품의 내구성에 따라 제 기능과 역할을 하지 못하는 상황이 발생한다. 또한 기간이 명시된 이용권 또는 회원권의 경우, 만기일자가 도래함에 따라 상품의 기능이 종료된다. 물리적 수명이 있는 상품은 보통 소비자의 지속적인 니즈가 있는 상품으로 수명이 도래하면 재구매가 이루어지는 경우가 많다.

(2) 기능적 수명

기능적 수명은 편의와 유용함을 제공하는 상품이 소비자의 니즈를 충족시키지 못하게 됨으로써 발생하는 수명이다. 기능적인 수명이 발생하는 원인은 다음과 같다.

① 생활의 변화

생활은 상품에 대한 니즈를 변화시키는 가장 큰 요인이다. 자전거를 타고 출퇴근하는 직장인은 자전거 용품에 대한 니즈가 있을 것이지만, 자동차를 사게 되어 차로 출퇴근한다면 이미 산 자전거는 출퇴근용이 아닌 취미, 운동용의 목적으로 바뀌게 될 것이다. 하지만 이 사람이 취미 및 운동 목적으로 자전거를 타는 것에 흥미가 없다면, 자전거의 효용은 사라진다. 이처럼 생활의 변화는 개인의 니즈를 변화시키는 요소로써 새로운 니즈를 만들어내고 사라지도록 만들어 상품이 주는 효용을 변화시킨다.

② 문화의 변화

문화는 한 사회의 행동 양식에 영향을 미치는 요소로써 새로운 트렌드와 유행을 만들어낸다. 그리고 행동 양식의 변화는 소비자의 니즈를 변화시키며 상품의 효용을 변화시킨다. 대표적으로 유행에 민감한 상품인 옷의 경우 유행이 지나면 잘 입지 않게 되며, 폐렴, 독감과 같은 전염병이 유행하게 되면 위생과 관련된 상품에 대한 니즈가 증가한다. 이처럼 문화의 변화는 기존의 니즈를 변화시켜 새로운 니즈를 만들고 사라지게 하며, 때로는 순환함으로써 상품의 효용을 변화시킨다. 트렌드와 유행에 민감한 상품을 판매한다면 판매자는 문화의 변화에 적극적으로 대응해야만 성취를 이어나갈 수 있다.

③ 기술의 발전

기술의 발전은 상품의 가치에 영향을 주는 요인이다. 기술의 발전은 더 많은 효용을 제공함으로써 기존의 상품을 니즈를 충족시켜 주지 못하는 상품으로 변화시킨다. 스마트폰이 확산되면서 기존 피처폰이 느리고 불편한 상품이 되어버린 것처럼 기술은 퇴화하지 않으므로 기존 상품에 대한 니즈가 사라지면 다시 생겨나지 않으며, 기술발전의 속도가 빨라지면서 기능적 수명에 영향을 미치는 주기 또한 점차 짧아지고 있다.

기술의 발전은 더욱 빠르고, 편하고, 더 많은 기능을 제공함으로써 소비자가 얻을 수 있는 편익을 증가시킨다. 기술에 발전에 영향을 받는 상품이라면 새로운 기술 개발에 빠르게 대응하고 이를 적용한 상품을 판매함으로써 더욱 효율적인 판매를 달성할 수 있다.

상품의 경쟁력

상품의 경쟁력은 다른 상품에 비해 우위를 가지고 있는 강점을 의미한다. 상품의 강점이 클수록, 많을수록 상품은 더 큰 가치를 지니며, 경쟁력은 상품의 차별화된 요소로써 때로는 경합하고 때로는 병존하며 소비자에게 상품을 선택하는 기준을 제공한다. 경쟁력은 상품이 가진 무기로써 소비자에게 상품의 가치를 전달할 때 활용할 수 있는 중요한 자산이다. 경쟁력을 형성하는 요소에 대해 알아보자.

(1) 기능 우위

기능 우위는 상품이 제공하는 기능이 다른 상품보다 더 큰 편익을 제공하는 것을 의미한다. 이어폰이라면 더욱 좋은 음질을 제공하는 제품, 카메라라면 더 좋은 화질을 제공하는 제품, 영어 교육이라면 체계적인 수업이 기능에서의 우위를 갖춘 상품이다. 기능은 상품의 가치를 형성하고 소비자의 니즈를 충족시키는 본질이므로 기능 우위를 갖춘 상품은 더 큰 가치를 가진 상품으로써 소비자의 만족을 이끌고 많은 판매로 이어지는 과정에 핵심 역할을 담당한다.

(2) 판매자 우위

판매자 우위는 상품의 판매자가 다른 판매자와 비교하여 우위를 가지고 있는 것을 의미한다. 판매자 우위를 형성하는 요소는 전문성, 친절함, 친근함, 정성 등이며 이는 소비자에게 만족을 제공하고, 판매자의 가치는 상품과 결합되어 상품에 대한 신뢰와 만족감을 높여 소비자의 구매를 이끈다. 여러 판매자가 같은 상품을 같은 가격에 판매하고 있다면, 소비자는 더 쉽고 간편하게 구매할 수 있는 판매자, 더 좋아하고 신뢰하는 판매자에게 상품을 구매하는 것이다.

(3) 인지도 우위

인지도 우위는 소비자들에게 더 많이 알려진 것으로부터 발생하는 우위에 해당한다. 많은 사람들에게 알려져있는 상품은 그만큼 고객에게 친숙하고, 신뢰할 수 있는 제품으로 인식되어 상품에 대한 명확한 기준이 정립되지 않은 소비자에게 인지도는 구매의 기준이 되는 요소로 작용하기도 한다. 눈 영양제를 구매하기 위해 약국에 방문한다면 일반적인 소비자는 성분에 대한 전문지식이 없고 비교할 수 있는 기준도 명확하지 않은 경우가 많기에 여러 사람들이 알고 있는 영양제를 우선적으로 알아본다. 여러 사람이 알고 있는 상품은 가치 있는 상품이라고 인식하기 때문이다. 상품의 인지도는 주로 광고를 통한 노출과 기존 구매자의 추천, 후기 등으로부터 발생하며, 인지도가 클수록 가망고객 발굴이 쉬워지고 소비자의 구매 결심 기간이 단축된다는 특징이 있다. 따라서 인지도 우위를 갖춘 상품을 판매한다면, 여러 사람에게 알려져있다는 점을 활용하여 상품에 대한 신뢰를 만들어내야 한다. 상품에 대한 인지도를 쌓을 때에는 소비자에게 우호적으로 다가갈 수 있는 이미지를 형성해야 하며, 인지도가 클수록 상품에 대한 소문은 빠르게 전염되므로 부정적인 이미지를 형성할 수 있는 요소를 관리하여 긍정적인 이미지를 유지하여야 한다.

(4) 감성 우위

감성 우위는 소비자의 기분과 정서에 영향을 미치는 요인에서 우위를 가지고 있는 것으로 주로 상품의 디자인과 브랜드 이미지에 영향을 받는다. 구매 과정에서 소비자의 감성은 중요한 부분을 차지한다. 세일즈는 소비자의 마음을 얻는 과정이며, 감성은 소비자의 마음에 영향을 미치기 때문이다. 상품을 통해 소비자에게 전달될 수 있는 감성은 아름다움, 멋, 귀여움, 고급스러움, 세련됨, 섹시함, 편안함, 깔끔함 등 다양한 요소가 존재하며, 기술의 발전으로 기능이 쉽게 모방되고 복제되는 시장에서 차별화를 구축할 수 있는 대표적인 수단이다. 의류 브랜드에서 디자인, 컬러, 소재, 분위기 등 통일된 콘셉트의 제품을 출시하는 것은 자신만의 독자적인 브랜드 이미지를 구축함으로써 감성 우위를 확보하기 위함이다.

(5) 가격 우위

가격 우위는 다른 상품과 비교하여 가격에서 우위를 가지고 있는 것을 의미한다. 즉 더 저렴한 상품이다. 가격 우위는 다양한 경쟁력 중에서도 거래 단위인 비용과 관련된 우위이기에 소비자의 구매에 가장 큰 영향을 미친다. 같은 기능을 가진 상품이라면 가격이 저렴한 상품이 소비자에게 더욱 큰 만족을 가져다주기 때문이다. 가격은 해당 상품의 가치를 반영하고 수익과 연관되므로 그 가치에 적정한 가격을 설정하는 것이 중요하며, 가격 우위를 갖추고 있다면 저렴한 가격이 '저렴한 이유가 있다는' 인식으로 소비자에게 강점이 아닌 단점으로 자리 잡지 않을 수 있도록 그 가치를 충분히 전달할 필요가 있다.

진입장벽

진입장벽은 시장에 새로운 경쟁자가 들어오는 데 방해가 되는 요인이다. 그리고 상품이 가지고 있는 경쟁력에 의해 영향을 받는다. 판매자가 상품을 선점, 독점하고 있거나, 이미 브랜드 인지도가 충분하게 형성되어 있거나, 상당한 기술력을 보유하고 있어 경쟁자가 기술 경쟁에 참여하기 위한 막대한 자금이 필요하거나, 이미 경쟁이 너무 치열하게 진행되고 있는 경우 등이다. 판매하는 상품이 전문분야와 관련된 지식서비스라면 전문 자격증 및 실무 경험을 쌓기 위한 시간이 필요하므로 진입장벽이 형성되지만, 반대로 이미 만들어진 제품을 유통한다면 진입장벽이 낮아 누구나 쉽게 시작할 수 있을 것이다. 그러므로 진입장벽이 낮은 상품을 판매하고 있다면 판매자와 상품에 대한 차별화를 통해 경쟁우위를 갖추어야 하며, 진입장벽이 높은 상품을 판매하고 있다면 규모를 확장하고, 브랜드를 차별화하고, 기술을 발전시킴으로써 더 큰 우위를 형성하고 진입장벽을 높여 입지를 견고하게 만들어야 한다.

당신이 판매하는 상품은?

이번 장에서 알아본 상품의 특징은 당신이 판매하고 있는 상품을 분류하여 상품의 성격과 특징을 파악하고 분석함으로써 상품에 적합한 판매 전략을 세우기 위함이다. 당신은 지금 어떠한 상품을 판매하고 있는가? 제품인가 서비스인가? 소량의 상품인가 대량의 상품인가? 무형의 상품인가 유형의 상품인가? 고가인가 저가인가? 상품에 대한 정보 접근성은 어떻게 되는가? 문화와 기술의 발전에 얼마나 영향을 받는가? 수명은 어떻게 되는가? 당신의 상품이 갖춘 경쟁력은 어떤 우위를 가지고 있는가? 진입장벽에 의한 경쟁은 어떻게 되는가? 상품이 가지고 있는 특성은 당신이 상품을 관리하는 방법, 발굴, 개선하고 발전시키는 방법, 판매하는 방법 등 성취를 달성하기 위한 모든 과정에 영향을 미친다.

당신의 상품이 가격에서 경쟁력을 갖추고 있음에도 이를 소비자에게 표현하지 못한다면, 당신의 상품이 기술에 영향을 받는 상품임에도 기술의 발전에 따른 상품과 판매 방식의 변화를 꾀하지 않는다면, 당신의 상품이 재구매가 이루어지는 반복성 상품임에도 고객을 관리하지 못해 재구매를 불러일으키지 못한다면, 당신이 세일즈에서 성취를 내고 있을 가능성은 매우 낮다. 세일즈의 난이도를 결정하고 성취를 달성하는 것은 상품에 대한 당신의 이해도에 달려있다.

당신이 상품을 제대로 이해하지 못하고 적합하지 않은 판매 전략을 취하고 있다면 그만큼 세일즈의 난이도는 어려워진다. 예를 들어 당신이 판매하는 상품이 기능 측면에서 큰 강점이 없음에도 불구하고 기능 우위를 가지고 있다고 생각하고 소비자에게 강조한다면, 소비자는 기능에 초점을 맞추고 비교하면서 기능이 더 뛰어난 상품으로 떠나게 될 것이다. 세일즈의 난이도가 어려울수록 당신이 상품을 판매하는 데 필요한 에너지는 많아지며, 비효율적인 판매는 세일즈에서 성취와 확장으로 이어지는 과정의 장애물로 작용한다.

상품의 가치는 이를 판매하는 판매자가 가장 잘 이해하고 있어야 한다. 그래야만 상품의 가치를 왜곡 없이 온전하게 소비자에게 전달할 수 있기 때문이다. 또한 상품에 대한 가치를 전달하는 판매자의 역량은 소비자가 전달받은 가치에 대해 더 큰 만족감을 느끼도록 만들고 신뢰를 형성하여 구매 의사결정 기간을 단축시켜 더 많은 판매로 이어질 수 있도록 만든다. 세일즈의 첫 번째 본질인 판매자 및 상품 가치의 중요성에 대해 충분히 이해했다면 그 가치를 키우기 위해 노력해야 한다는 것을 알게 되었을 것이다. 다음 장에서는 그 가치를 소비자에게 올바르게 전달하는 방법에 대해서 알아볼 것이다.

가치를 온전히
소비자에게
전달하라.

두 번째 본질, 가치의 전달

Chapter **5**

Chapter 5
두 번째 본질, 가치의 전달

가치는 상호작용을 통해 전달된다

가치는 상호작용을 통해 상대방에게 전달된다. 여기서 상호작용이란 상대방과의 관계 속에서 대화, 표정, 몸짓, 문자, 심리, 감정 등으로 표현되는 다양한 자극과 반응을 의미한다. 오프라인과 온라인, 전화 등을 통해 소비자에게 이루어지는 안내 및 상담은 모두 상호작용에 해당된다.

상품을 판매하기 위해서는 판매자와 상품에 형성된 가치를 소비자가 실제로 가치 있다고 느끼도록 만들어야만 한다. 소비자는 자신의 니즈를 충족시켜 주는 가치 있는 판매자와 상품에 만족과 신뢰를 느끼고 구매를 결심하기 때문이다. 그러므로 당신은 소비자와 다양한 상호작용을 통해 그 가치를 왜곡 없이 전달함으로써 소비자가 더 큰 만족과 신뢰를 얻을 수 있도록 노력해야 한다.

한 소비자가 인터넷에서 스크린샷 프로그램을 무료로 구매했다고 하자. 해당 프로그램은 단축키를 통한 스크린샷 기능 및 캡처한 화면에서 바로 편집할 수 있는 기능과 편의를 제공하지만, 이를 사용하는 소비자가 단축키 기능을 몰라 매번 프로그램을 직접 실행시키고 다른 사진 편집 프로그램을 통해 파일을 편집한다면, 소비자는 이 프로그램이 가지고 있는 기능과 혜택을 느끼지 못하고 자신이 활용함으로써 효용을 느끼는 만큼 그 가치를 인식한다. 프로그램의 가치를 전달하기 위해서는 구매가 이루어지는 사이트에서 사용 방법을 설명하고, 장점과 혜택을 강조함으로써 소비자가 그 가치를 제대로 인식하고 활용할 수 있도록 만들어야 하지만, 소비자가 인식하지 못했다는 것은 설명의 과정이 잘못 이루어졌다는 것을 의미한다. 이 상황에서 소비자는 효용을 느끼지 못하는 프로그램을 삭제하면 그만이지만, 만약 프로그램에 대한 구매 비용이 있었다면 소비자는 잘못된 구매를 했다고 생각하고 판매자와 상품에 대한 불만을 가지게 되었을 것이다.

상품의 가치를 전달하는 상호작용의 과정은 판매의 핵심으로 작용한다. 상호작용을 통해 전달되는 다양한 자극과 반응은 소비자의 니즈, 심리, 감정을 자극하고 만족과 신뢰에 영향을 미침으로써 소비자가 느끼는 판매자와 상품의 가치를 결정짓기 때문이다.

소비자는 말해주기 전까지 모른다

소비자는 판매자가 어떠한 사람인지, 판매하는 상품이 어떤지에 대해 알지 못한다. 인지된 정보가 없기 때문이다. 그래서 판매자는 가치를 전달하기 위해 자신과 상품의 정보를 반드시 드러내고 표현해야 한다. 30년 경력의 짬뽕 장인이 실력과 자부심으로 조미료를 사용하지 않고 면과 육수를 직접 만들어 조리한다고 하자. 하지만 30년 경력의 장인이 직접 우려낸 육수라는 사실이 소비자에게 드러나지 않는다면, 손님은 사장이 짬뽕 장인인지 절대로 알 수 없으며, 입맛이 섬세한 사람이 아니라면 육수를 직접 만든 것인지 조미료로 만들어진 육수인지도 구분하지 못할 것이다. 하지만 사장이 30년 차 경력을 가지고 있고 직접 육수를 우려낸다는 사실을 드러냄으로써 손님에게 인식시킨다면 그 사실만으로도 짬뽕의 가치는 더욱 높아지고 만족과 신뢰를 전달해줄 수 있게 될 것이다.

실력을 갖추었지만 성취를 달성하지 못하는 판매자는 가치를 표현하는 것에 서툴고 굳이 그 가치를 보여주지 않아도 소비자가 알아서 인정해주고 찾아주는 날이 올 것이라고 생각한다. 착각이다. 사실 가치는 자연스럽게 겉으로 드러나기에 틀린 생각은 아니지만, 소비자가 인식하고 정보의 확산이 이루어지기까지는 너무나도 오랜 시간이 소요된다. 드러내고 표현하지 않는다면, 시간이 흘러 가치를 알아보는 소비자가 생겨나고 판매로 이어진다고 하더라도 판매의 확장으로 이어지는 과정 또한 매우 어려워진다.

따라서 전달하고자 하는 가치는 반드시 소비자에게 드러내고 표현되어야 한다. 이는 소비자에게 생색을 내고 아는 척을 하고 과장하라는 것이 아니라 판매자에 대해서 설명하고, 상품의 기능에 대해 설명하고, 결과가 있다면 원인을 설명하고, 소비자가 만족한다면 그 과정에 판매자의 시간과 노력, 정성이 있었다는 것을 보여주는 것이다. 특히 시각, 청각, 후각, 미각, 촉각과 같은 감각적인 요소들은 자연스럽게 소비자에게 드러나고 직관적으로 인식된다는 특징이 있으므로 이를 활용하여 의도된 가치를 전달하거나 반대로 의도된 가치가 왜곡되지 않을 수 있도록 감각적인 요소를 관리할 수 있어야 한다.

가치 있는 판매자와 상품이 적절한 방식을 통해 소비자에게 드러내고 표현됨으로써 그 가치가 올바르게 전달된다면 그 상품은 반드시 팔리게 되어있다. 모든 소비자는 자신의 니즈를 충족시켜 주는 가치 있는 상품을 원하기 때문이다.

세일즈는 예술의 영역이다

화가와 일반인이 같은 소재의 연필, 펜, 붓, 물감을 가지고 그림을 그릴 때 결과물의 차이가 발생하는 이유가 무엇일까? 그림은 예술의 영역이기 때문이다. 화가는 디자인, 색감, 음영, 구도 등에 대한 전문지식, 이를 표현하는 재료와 도구에 대한 전문성, 창의성을 바탕으로 자신이 표현하고자 하는 가치를 대중에게 전달한다. 같은 재료와 도구를 가지고 있다고 하더라도 이를 활용하고 표현하는 사람에 따라 그 결과가 달라지는 것이다.

마찬가지로 세일즈 또한 예술의 영역이다. 세일즈도 사람과 세일즈에 대한 전문성을 바탕으로 외모, 이미지, 경력, 친근함, 화법 등의 다양한 표현 도구를 통해 고객과 상호작용 하며 만족과 신뢰를 형성하고 판매로 연결시키는 행위이기 때문이다. 별로인 상품도 잘 판매하는 판매자가 있는가 하면, 객관적으로 더 나은 상품임에도 판매하지 못하는 판매자도 있다. 이는 판매자가 상품과 표현 도구를 얼마나 잘 활용했느냐에 의해 발생하는 차이인 것이다.

그렇다면 판매자의 '무기'라고 할 수 있는 다양한 도구들을 활용하는 특별한 방법이 따로 있을까? 정답은 없다. 화가가 빨간색, 노란색, 파란색이 섞이면 검은색이 된다는 본질을 바탕으로 색을 조합하고 도구를 이용하여 그림으로 표현하는 것과 같이 판매자 또한 세일즈의 본질을 바탕으로 자신이 가진 무기를 소비자의 상태에 따라 적절하게 활용함으로써 가치를 전달하고 판매로 이어나가는 것이다. 같은 본질이라도 판매자마다 이를 해석하고 활용하는 방식이 다르며, 소비자 또한 다양한 가치관과 서로 다른 니즈를 가지고 있기에 한 사람을 만족시키고 신뢰를 형성하는 상품의 기능, 판매자의 멘트 또는 행동이 다른 누군가에게는 전혀 감흥이 없는 요소가 될 수 있기 때문이다.

예를 들어 상품을 사지 않겠다고 하는 손님에게 "이거 꼭 사셔야 해요"라고 강조해 판매가 이루어졌다고 해서 그 멘트가 다른 손님에게도 통하는 것을 보장하지 않는다. 해당 멘트가 갈피를 잡지 못한 소비자의 마음에 확신을 가져다주었을지도 모르지만, 니즈가 없는 사람에게는 오히려 거부감과 불편함을 형성하고 마음을 떠나게 만드는 요소로 작용할 수도 있기 때문이다. 여기서 중요한 것은 어떠한 멘트와 행동을 하는 것이 아니라 판매자가 자신과 소비자의 상태를 파악하고 가지고 있는 무기를 활용하여 적절한 멘트와 행동으로 대응할 수 있는 능력을 갖추는 것이다. 마치 전장의 장수가 자신의 몸에 적합한 무기를 가지고 상대방의 힘과 체격, 무기에 따라 다르게 싸우고 대응하는 것과 같다.

하지만 장사와 세일즈를 다루는 책, 교육들을 찾아보면 이러한 세일즈의 본질을 모르고 자신이 활용했던 특정한 멘트와 행동을 그대로 따라 하고 시도하라고 강조되는 경우가 많다. 스스로를 장사, 세일즈의 전문가라고 소개하는 사람이 이러한 내용을 강조한다면, 판매자와 소비자의 심리와 감정 상태, 특정한 멘트와 행동이 이루어지는 타이밍 등에 따라 그 의미가 소비자에게 다르게 인식된다는 것을 모르기에 발생하는 무지하고 위험한 생각이다.

세일즈는 소비자와 상호작용 하는 판매자의 역량에 의해 좌우된다. 그래서 판매자는 세일즈에서 다양한 소비자에게 맞춘 적절한 상호작용을 통해 만족과 신뢰를 이끌고 성취를 달성하기 위한 끊임없는 자기계발의 노력을 해야한다. 그렇다면 세일즈는 판매자의 역량에 달려있는 예술의 영역이기에 판매자를 제외하고 성취에 영향을 주는 요소는 없는 것일까? 그렇지 않다. 세일즈에는 판매자 외에도 성취에 영향을 주는 요소가 존재한다.

전장에 무기를 휘두르는 장수가 있다. 그는 자신의 신체 능력과 무기에 대한 이해도, 수많은 연습과 훈련을 바탕으로 목숨이 오고 가는 급박한 상황 속에서 동물적인 감각과 직관으로 형세를 판단하고 부하들을 지휘한다. 이는 분명한 예술의 영역일 것이다. 하지만 전장에는 장수 말고도 승패의 형세를 좌우하는 존재가 있다. 바로 전략이다.

판매 전략

세일즈에서 성취를 달성하기 위해서는 효율적인 판매 전략을 수립해야 한다. 판매 전략은 특정한 소비자와 상호작용 하는 예술의 영역이 아닌 인간의 본질을 바탕으로 보편적인 소비자에게 긍정적인 피드백을 가져올 수 있는 상호작용과 관련된 과학의 영역이다. 그리고 사람들에게 공통적으로 보이는 행동과 성향, 심리와 감정을 분석하고 활용함으로써 소비자의 니즈와 만족을 이끌어내는 기술이다.

다양한 소비자를 상대하며 시행착오를 겪다 보면 소비자에게 긍정적인 피드백을 이끌어내는 심리적, 감정적인 장치들과 성취를 달성하는 판매자의 공통적인 경향성을 발견할 수 있다. 이처럼 보편적인 소비자를 만족시키기 위해 정보를 분석하고 방법을 연구하는 것이 판매 전략이다. 성공하는 사람이 공통적으로 가지고 있는 역량을 찾아 발전시키고, 상품이 가진 특징과 가망고객의 특성을 파악하고,

해당 분야에서 경쟁 상품을 파악하고 비교우위를 찾아 활용함으로써 소비자에게 효율적으로 접근하고 판매할 수 있는 방법을 찾아내기 위한 노력이다.

판매 전략은 상품이 판매로 이어지는 과정을 효율적으로 변화시킨다. 소비자의 구매 결정을 촉진하고 긍정적인 피드백의 누적을 통해 더 많은 소비자를 유입시키며, 판매자의 입장에서는 고객에게 소요되는 에너지와 노력을 감소시키면서도 더 많은 상품을 판매하고 고객을 효율적으로 관리할 수 있도록 돕는다. 결과적으로 판매 전략은 더욱 효율적으로 더 큰 수익과 규모의 확장으로 이어질 수 있도록 만들기 위한 방법인 것이다.

전장에는 무기를 휘두르는 장수 뒤에 더욱 넓은 시야와 관점을 바탕으로 아군의 장수가 이길 수 있는 유리한 상황과 환경을 조성하는 군사가 있다. 세일즈에서 판매자는 장수이자 군사로서 예술과 과학을 접목시켜 성취를 달성하는 사람인 것이다.

세일즈 심리 이론

소비자 심리

상품 판매의 과정에서 소비자의 마음을 얻기 위해서는 사람의 심리에 대해 이해하고 활용할 수 있어야 한다. 이 장에서는 다양한 심리학 및 행동경제학 이론 중 세일즈에 영향을 미치는 이론들을 소개할 것이다. 이 이론들은 뒤에서 다룰 마케팅, 이미지 형성, 화법 등 가치 전달의 모든 과정에 영향을 미치는 요소로 작용하며, 이를 활용함으로써 소비자가 스스로도 인식하지 못하는 무의식에 영향을 미치고 소비자의 구매를 촉진시킬 수 있다. 세일즈에 적용되는 심리 이론을 이해하고 세일즈에 적용한다면, 당신은 더 많은 성취를 달성할 수 있게 될 것이다.

초두효과

초두효과란 처음 입력된 정보, 즉 첫인상이 나중에 습득된 정보보다 더 큰 영향력을 행사하는 현상이다. 첫인상이 나중에 들어오는 정보를 해석하는 기준이 되기에 판매자는 소비자에게 좋은 첫인상을 형성해야 한다. 소비자와 상호작용을 시작할 때 외적인 용모, 인사 및 자기소개를 통해 긍정적인 첫인상을 심어준다면 이후에 이루어지는 상호작용은 소비자에게 더욱 긍정적인 인식과 반응을 이끌어낸다.

최신효과

최신효과란 초두효과와 반대되는 개념으로 마지막에 습득된 정보가 이전에 습득된 정보보다 더 큰 영향력을 행사하는 현상이다. 마지막에 습득된 정보가 더욱 기억하기 쉽기 때문이다. 최신효과는 기억을 바탕으로 이루어지므로 상호작용 하는 시간이 길어지거나 소비자에게 많은 정보가 전달되어 내용을 모두 기억할 수 없을 때 더 큰 영향을 미친다. 따라서 초두효과와 최신효과를 적용하여 소비자에게 상품에 대해 설명한다면 처음에 상품의 장점과 혜택을 먼저 설명하고 마지막에 장점과 혜택을 다시 한번 강조하며 정리해주는 것이 좋다.

빈발효과

빈발효과란 반복해서 입력되는 정보에 의해 이전의 평가가 달라지는 현상이다. 첫인상이 긍정적으로 형성되었다고 하더라도 부정적인 자극이 반복되면 부정적인 인상으로 변할 수 있고 첫인상이 부정적이었다고 하더라도 긍정적인 자극이 반복되면 긍정적인 인상으로 변할 수 있다는 것이다. 따라서 판매자는 소비자에게 좋은 첫인상을 형성하고 상호작용 하는 과정에서 긍정적인 인상을 지속해서 남김으로써 긍정적인 이미지를 견고하게 구축해야 한다.

앵커링 효과

앵커링 효과는 어떤 내용에 대한 판단이 초기에 제시된 정보에 영향을 받는 현상이다. 앵커링 효과를 세일즈에 적용할 경우, 소비자에게 처음 보여준 상품의 기능과 가격이 이후에 보여준 상품을 판단하는 기준을 형성한다는 것이다. 따라서 판매자는 상품의 가치와 기준을 처음 소비자에게 어떻게 전달하느냐에 따라 소비자의 상품 이해도, 비교, 결정 과정이 달라질 수 있다는 것을 이해하고 이를 활용해야 한다.

소유효과

소유효과는 어떤 대상을 소유하면 그 가치를 가지고 있기 전보다 더 높게 평가하는 현상이다. 내 것이라는 인식이 형성되면 원래의 가치보다 더욱 소중하게 생각하기 때문이다. 100% 환불을 보장함으로써 소비자가 일단 구매하도록 유도하는 마케팅은 소유효과를 활용한 기법이며, 부동산 주인이 시세보다 높은 금액으로 매물을 내놓음으로써 부동산 가격이 주로 상방을 향하고 하방 경직성을 띠는 현상 또한 소유효과를 통해 설명할 수 있다.

대조효과

대조효과는 비교할 수 있는 서로 다른 대조군이 있으면 이를 더욱 극적으로 인지하여 각각의 평가가 더 높거나 낮게 이루어지는 현상이다. 할인되기 전과 할인 후의 가격을 함께 보여줌으로써 소비자가 더욱 저렴하다고 느끼게 하거나 부동산을 거래할 때 조건이 열악한 집부터 보여줌으로써 나중에 보여주는 집을 더욱 좋게 인식시키는 것은 대조효과를 활용한 사례에 해당한다.

손실 회피 편향

손실 회피 편향은 얻은 것보다 잃은 것의 가치를 더 크게 평가하는 경향이다. 사람은 손해를 보는 것에 더욱 민감하게 반응하기 때문이다. 이를 세일즈에 적용하면 상품을 구매할 때 얻을 수 있는 혜택보다, 구매하지 않았을 때 발생하는 손해에 집중하여 가치를 전달하는 것이 소비자에게 더 큰 호응을 불러일으킨다.

현재 편향

현재 편향은 현재와 가까운 일에 더욱 큰 가치를 부여하는 것이다. 내일 받는 5천 원과 1년 뒤에 받는 1만 원을 비교할 때 대부분의 사람들은 내일 받는 5천 원을 더욱 가치 있게 생각한다. 사람의 무의식은 단기적인 관점을 기준으로 생각하고 판단하기 때문이다. 따라서 판매자는 상품을 설명할 때 미래에 받을 수 있는 혜택보다 현재 받을 수 있는 혜택을 바탕으로 상호작용을 해나가야 한다.

현상유지 편향

현상유지 편향은 기존에 내린 자신의 선택에서 벗어나지 않고 현재의 상황을 유지하려고 하는 성향이다. 이를 세일즈에 적용할 경우 먼저 소비자에게 구매 의사와 관련된 선택 또는 결정에 대한 대답을 유도한 뒤에 부가적인 설명을 하는 것이 그냥 설명하는 것보다 소비자의 구매 결심을 촉진시키는 방법이 될 수 있다. 일단 상품을 무료로 이용하게 만들고 이후에 이용금액을 청구하는 것 또한 현상유지 편향을 이용한 판매기법이다.

유사효과

유사효과는 자신과 비슷한 사람에게 더욱 호의적이고 긍정적인 자세와 태도를 보이는 현상이다. 사람은 자신과 비슷한 사람에게 자신을 투영시키고 친근함을 느끼기 때문이다. 소비자와 상호작용 하는 과정에서 취미, 나이, 가정, 경험 등 공통점을 많이 발견할수록 소비자는 판매자에게 호감을 느끼고 신뢰한다. 따라서 판매자는 소비자와 공통점을 찾고 공감함으로써 소비자의 마음을 열고 우호적인 관계를 형성하기 위해 노력해야 한다.

편승효과

편승효과는 개인이 다수인 사람들의 선택을 따르는 현상이다. 사람은 다른 사람과 비슷한 것을 선호하며, 많은 사람이 선택한 것이 옳고 검증된 것이라고 믿는 경향이 있다. 편승효과는 특히 상품에 대한 정보와 기준이 없는 상황에서 선택이 어려운 경우에 자주 적용된다. 가장 많은 사람이 찾는 인기 상품, 상품에 대한 구매 횟수 및 후기에 영향을 받아 상품을 구매하는 것은 편승효과가 작용한 사례에 해당한다.

선택적 지각

선택적 지각은 외부의 정보를 객관적으로 받아들이지 않고 자신이 받아들이고 싶은 정보만을 지각하는 현상이다. 즉 듣고 싶은 내용만 받아들인다는 것이다. 따라서 판매자는 소비자가 듣고 싶어 하는 답변을 해주어야 한다. 소비자가 궁금해하고 중요하게 생각하는 부분이 있다면 이를 설명해주고, 상품에 확신을 가지고 싶어한다면 상품의 장점과 혜택을 강조해주는 것이다. 소비자가 관심이 없는 정보는 전달하더라도 기억하지 않으며, 소비자에게 중요하지 않더라도 전달되어야 하는 중요한 정보라면 듣는 자세를 만들기 위해 중요한 정보라는 사실을 먼저 인지시켜야 한다.

휴리스틱

휴리스틱은 불확실한 상황에서 경험과 직관 등 이용 가능한 정보에 의존하여 신속하게 의사를 결정하는 체계를 의미한다. 소비자는 상품을 판단할 때 모든 정보를 종합하고 검토하는 것이 아니라 특정한 몇 가지 정보를 가지고 단편적으로 판단한다. 춤 학원의 대표 강사가 유명한 사람이라는 하나의 정보를 가지고 학원이 잘 가르치는 곳이라고 판단하거나 식당에서 보기 좋은 음식이 더욱 맛있을 것이라고 판단하는 것 등이 해당된다. 소비자는 판매자와 상품의 가치를 기존의 경험과 본인이 가지고 있는 몇 가지의 정보만을 바탕으로 빠르게 판단한다. 따라서 판매자는 소비자에게 강한 인상과 함께 긍정적인 이미지를 형성하는 정보를 제공함으로써 소비자가 휴리스틱을 활용하여 긍정적인 판단과 결정을 내릴 수 있도록 만들어야 한다.

넛지

넛지는 타인의 선택을 유도하는 부드러운 개입을 의미한다. 특정한 의도를 가지고 개인의 행동을 유도하는 것에서 발생하는 저항감을 상황 조성 및 설계를 통해 원하는 방향으로 이끄는 것이다. 판매자는 소비자와 상호작용할 때 따뜻한 차를 마시게 함으로써 소비자의 긍정적인 판단을 유도할 수 있으며, 폐쇄적인 공간에서 상담함으로써 소비자가 판매자에게 집중하도록 만들 수 있고, 불편한 의자를 설치함으로써 소비자에게 긴장된 자세를 유도해 상호작용 하는 과정을 지루하지 않게 만들 수 있다.

마케팅

마케팅이란

마케팅은 소비자와 관련된 모든 활동이다. 따라서 마케팅 활동에는 고객을 발굴하고, 니즈를 만들고, 이미지를 형성하는 등의 모든 과정이 포함된다. 판매자와 상품에 형성된 가치를 전달하기 위해서는 전달의 대상인 소비자가 있어야 하며 여기서 마케팅은 상품 판매를 위해 소비자에게 다가가는 첫 번째 단계에 해당한다. 거래는 판매자와 소비자가 만나 이루어지는 과정이며, 소비자에 초점을 맞춘 마케팅 활동을 통해 소비자를 어떠한 방식으로 얼마나 유입시킬 수 있는가 하는 것은 세일즈의 성취 달성에 핵심적인 역할을 담당한다.

광고

광고는 판매자와 상품에 대한 정보를 소비자에게 전달하는 활동으로 소비자의 니즈를 형성하고 증폭시켜 가망고객을 만드는 과정이다. 소비자의 관심과 흥미를 끌면서 니즈를 환기시키고 판매자와 상품을 찾게 만드는 광고는 마케팅의 핵심 활동으로서 가망고객의 양과 질을 결정하며 판매의 성취를 좌우하는 요소로 작용한다.

가망고객의 양은 판매로 이어질 수 있는 대상의 수로써 더 많이 확보될수록 더 많은 판매로 이어질 수 있기에 판매자는 가망고객을 확보하기 위해 노력해야 한다. 그리고 판매자는 가망고객의 양을 늘리는 것만큼 가망고객의 질을 높이는 것에 집중해야 한다. 가망고객의 양과 질은 모두 더 많은 판매로 이어지는 요인이지만 더욱 충만한 니즈를 갖추고 있는 가망고객, 판매자를 더욱 신뢰하는 가망고객은 판매로 이어지는 노력을 감소시켜 판매의 효율성을 높이기 때문이다. 가망고객의 질적인 요소를 높이는 것은 양을 늘리는 것보다 어려운 작업이다. 가망고객의 양은 광고를 더 많은 사람에게 노출하고 관심을 끌 수 있는 문구를 사용함으로써 상대적으로 쉽게 만들어낼 수 있지만, 질을 높이는 작업은 소비자의 니즈를 자극하고 판매자와 상품의 가치를 소비자에게 전달해 신뢰를 형성함으로써 구매하고자 하는 욕구를 이끌어내야 하기 때문이다.

특히 가망고객의 양을 늘리기 위해 자극적인 문구를 사용하여 관심을 끄는 경우에는 판매자와 상품의 가치가 왜곡될 수 있어 주의가 필요하다. 가망고객이 되더라도 유입시키는 과정에서 가치가 왜곡되어 전달된다면 이후에 이루어지는 상호작용의 과정에서 소비자의 만족과 신뢰를 형성하기 위해 추가적인 노력이 필요하기 때문이다. 교육 프로그램 광고가 이루어질 때, 프로그램이 가지고 있는 교육적 가치가 아닌 교육을 신청했을 때 제공하는 사은품에 초점을 맞추어 광고한다면, 실제 교육 프로그램보다 사은품에 관심을 가지고 있는 가망고객이 유입된다. 마찬가지로 자극적인 문구를 통해 유입된 가망고객 또한 실제 니즈가 아닌 단순한 호기심만 가지고 있는 경우가 많다. 광고는 가치 전달을 통해 가망고객이 될 수 있는 소비자를 분류하고 니즈를 이끌어내는 과정이지만, 모집에만 초점이 맞춰진 가망고객 발굴은 그 역할을 충족하지 못하므로 소비자를 분류하고 니즈를 환기시키고 가치를 전달하는 추가적인 과정이 필요하다. 상품에 대한 니즈가 없는 가망고객은 판매로 잘 이어지지 않고 상호작용하는 과정에서 추가적인 에너지와 노력을 요구함으로써 판매의 효율을 감소시키는 요소로 작용한다. 판매자가 가지고 있는 에너지와 시간이라는 자원은 한정적이므로 더 큰 성취를 이루기 위해서는 판매 과정의 효율을 높이기 위한 방법을 찾아야 한다. 판매의 효율성은 성취를 달성하고 판매를 확장하고 시스템을 구축하기 위한 핵심이기 때문이다.

광고는 소비자의 니즈를 자극하고 타깃 설정, 카피, 스토리텔링 등의 수단을 활용하여 판매자와 상품의 가치를 사람들에게 노출시키고 가망고객을 만드는 활동이다. 광고에서 판매의 효율성을 증가시켜 주는 요소에 대해 알아보자.

노출

노출은 판매자와 상품을 소비자에게 드러내는 과정이다. 그리고 판매자와 소비자를 이어주는 핵심 원리에 해당한다. 특정한 니즈를 느끼는 소비자는 먼저 인지된 판매자와 상품을 먼저 찾기 때문이다. 운전자가 자동차에 기름을 넣기 위해 주유소를 방문한다면, 운전자는 이전에 봐두었던 주유소에 방문하며, 주변에 있는 주유소를 잘 모른다면 니즈를 느끼고 난 후에 먼저 발견한 주유소 또는 검색을 통해 위치를 확인한 주유소에 방문한다. 세상에는 수많은 주유소가 있고 심지어 바로 옆 골목에 최저가의 주유소가 있을지도 모르는 일이지만 운전자에게 드러나고 인식되지 않는 주유소는 없는 것과 같은 것이다. 따라서 판매자는 상품을 판매하기 위해 반드시 소비자에게 자신과 상품을 드러내야만 한다.

특히 판매자와 상품에 대해 아무것도 모르는 소비자는 노출에 더 많은 영향을 받는다. 본인이 직접 경험해본 판매자와 상품은 판단할 수 있는 기준이 생기지만, 경험해보지 못한 판매자와 상품에 대해서는 그 가치가 노출을 통해 어떻게 전달되느냐가 소비자의 인식을 형성하기 때문이다. 집 인테리어를 하기 위해 업자를 알아보고 있을 때 인테리어에 대한 지식과 경험이 있으면 업자와 비용을 판단하고 비교하여 선택할 수 있겠지만, 잘 모른다면 실력이 있는 것처럼 보이고 믿을 수 있는 것처럼 보이는 사람을 우선적으로 선택한다. 이처럼 노출은 실제 상품을 구매하고자 하는 소비자와 판매자, 상품을 연결하고 소비자에게 가치를 인식시킴으로써 구매를 촉진시키는 역할을 한다.

노출은 가망고객을 발굴할 수 있는 표본을 넓히는 작업으로 가망고객의 양을 확보하는 핵심적인 역할을 담당한다. 더 많은 사람에게 노출될수록 판매자와 상품에 니즈를 가진 사람을 찾을 가능성은 높아지기 때문이다. 광고를 통해 소비자에게 판매자와 상품의 가치를 노출하는 방식은 시대의 변화, 기술의 발전 등으로 인해 계속해서 변화하고 있다. 노출이 이루어지는 채널은 다음과 같다.

(1) 오프라인

오프라인은 가장 오랫동안 노출에 활용된 고전적인 방식이면서도 여전히 높은 효과를 발생시키는 채널이다. 사람들은 길을 지나가다가 간판을 보고 알게 된 음식점에서 식사를 하고, 가격 행사 중이라는 배너를 보고 마트에 들어가고, 전단지와 현수막을 이용한 광고를 접함으로써 판매자와 상품을 인식한다. 오프라인 광고는 온라인을 통해 구매가 어려운 상품인 경우에 주로 활용되며, 판매자와 인접한 공간에서 생활하는 소비자에게 더욱 큰 영향을 미친다.

(2) 매스컴

매스컴은 TV, 신문, 라디오, 잡지와 같은 매체를 통해 전달되는 노출 채널이다. 매스컴을 통한 노출은 주로 공신력을 갖춘 기관을 통해 발행되므로 사람들에게 좀 더 믿을 수 있다는 인상을 심어줄 수 있다는 장점이 있다. 시대의 변화로 정보를 얻는 매체와 수단이 다양해짐에 따라 상대적으로 이전보다 그 영향력은 줄어들게 되었다.

(3) 검색엔진

검색엔진은 온라인, 모바일 시장의 성장을 통해 현재 가장 보편적으로 활용되고 있는 노출 채널이다. 검색엔진에 판매자와 상품을 검색했을 때 나오는 광고, 링크, 지도, 플레이스, 영상, 사이트, 블로 그, 게시물 등은 사람들이 판매자와 상품에 대한 정보를 확인할 수 있는 대표적인 수단이 되었으며, 검색엔진을 이용한 마케팅은 다양한 분야 및 업종과 접목되어 다양한 부가가치를 형성하고 온라인 판매의 핵심으로 자리 잡게 되었다.

검색이 온라인 산업의 핵심이 되면서 판매자와 상품을 검색하고 찾을 수 있는 '키워드'에 대한 중요성이 강조되었다. 키워드는 주로 판매자 또는 상품과 관련된 단어, 소비자의 니즈 및 성향이 반영된 단어로 설정된다. 여성용 니트를 판매한다면 여성, 30대, 성인, 학생, 니트, 가을, 겨울, 긴팔, 따뜻함. 가벼움, 캐시미어, 쉬운 세탁 등을 키워드로 활용할 수 있으며, 타깃으로 하는 소비자의 니즈와 성향 등에 따라 세분화된 키워드를 사용함으로써 해당 니즈를 갖춘 소비자를 구분하여 유입시킬 수 있다.

(4) SNS

SNS는 검색엔진에 이어 새로운 노출의 수단으로 자리 잡은 채널이다. 카카오톡, 밴드, 유튜브, 인스타그램, 페이스북, 각종 커뮤니티와 같이 개인의 일상과 생각을 사람들과 공유하고 소통하는 대표적인 수단이 된 SNS는 많은 사람이 이용하는 만큼 특정 정보를 노출시킬 수 있는 주요 수단으로 활용된다. SNS에서 많은 팔로워, 구독자를 가지고 있는 인플루언서, 유튜버는 여러 사람에게 노출이 가능하다는 것을 바탕으로 광고를 통해 수익을 창출하기도 한다.

(5) 플랫폼

플랫폼은 판매자와 소비자의 연결을 목적으로 만들어진 채널이다. 쿠팡, 지마켓, 각종 쇼핑몰 및 애플리케이션 등과 같은 플랫폼은 판매자와 소비자를 연결시켜 주는 유통 역할을 담당함으로써 소비자에게 다양한 선택지를 제공한다. 온라인 시장과 유통업의 성장, 특히 모바일 시장의 비중이 커지면서 이러한 플랫폼은 가치를 소비자에게 더욱 쉽고 간단하게 전달할 수 있는 대표적인 채널로 자리 잡게 되었다.

(6) 소문

소문은 사람들 사이의 관계 속에서 상호작용을 통해 판매자와 상품에 대한 가치가 전파되는 채널이다. 판매자와 상품에 대한 대화, 리뷰, 후기, 댓글 등을 통해 이루어지는 상호작용은 사람들 사이의 관계 속에서 이루어져 형성된 관계에 영향을 받으며, 고객의 실제 경험을 바탕으로 이루어지므로 더 큰 신뢰를 형성한다는 특징이 있다.

니즈

니즈는 소비자가 필요로 하는 것이다. 배가 고픈 사람은 음식이 먹고 싶고, 잠을 자고 싶은 사람은 잠을 잘 수 있는 공간이 필요하며, 먼 거리를 빠르게 이동해야 하는 사람은 교통수단이 필요하다. 니즈는 인간이 살아가면서 필요한 모든 물질적, 정신적인 가치를 의미하며, 판매자는 소비자의 니즈를 충족시킬 수 있는 상품을 판매하고 소비자는 상품을 구매함으로써 본인이 가진 니즈를 충족시킨다.

(1) 니즈 형성

니즈는 삶을 살아가는 과정 속에서 자연스럽게 형성된다. 니즈는 주변 사람들과 이야기를 하거나, 생활의 변화가 생기거나, 매스컴의 영향을 받는 등 개인의 다양한 환경과 경험 속의 생각과 감정, 욕구에 의해 새롭게 생겨나고 사라진다. 니즈를 형성하는 요인에 대해 알아보자.

① 욕구

욕구는 사람이 가지고 있는 원초적인 니즈에 해당한다. 인간은 누구나 배가 고프고, 잠을 자고 싶고, 안전하고 싶고, 아름다운 것을 좋아하고, 사랑받고 싶어 하고, 인정받고 싶어 한다. 사람이 가지고 있는 생리적, 신체적, 정서적 욕구는 니즈를 형성하고 이를 충족시켜 줄 수 있는 상품을 통해 니즈를 해소한다.

② 효율

소비자는 삶을 더욱 효율적으로 살 수 있도록 만들어주는 것에 니즈를 느낀다. 더 적은 힘, 노력, 시간으로 같은 결과 또는 더 나은 결과를 낼 수 있도록 도와주는 상품은 사람들에게 가치 있는 것으로 인식되기 때문이다. 더 가볍고 따뜻한 잠바, 다양한 요리에 활용할 수 있는 조리도

구, 지식 습득을 도와주는 교육 서비스, 시간을 아껴주는 교통 서비스, 더 빠른 인터넷 서비스 등과 같이 삶의 효율을 높여주는 상품은 사람들의 니즈를 충족시킨다.

③ 생활

생활은 사람이 삶을 살아가는 모습이다. 그리고 개인이 영위하는 삶에 따라 다양한 니즈가 형성된다. 학생이라면 배움과 관련된 니즈, 취업준비생이라면 취업과 관련된 니즈, 경제활동을 한다면 일과 관련된 니즈, 주부라면 집안일과 관련된 니즈가 발생할 것이다. 다양한 삶의 형태는 개인마다 다양한 니즈를 형성하며, 니즈는 생활의 변화와 함께 변화하고 새롭게 생겨나며 사라진다.

니즈는 환경과 경험 속에서 개인마다 다양하게 형성되고 그 크기에 차이가 발생한다. 니즈를 형성하는 요소들을 이해한다면 소비자의 니즈를 이해함으로써 더 나은 방식으로 가치를 전달하고 만족시켜 줄 수 있다. 하지만 여기서 주의할 점은 니즈가 전혀 없는 소비자에게 니즈를 형성하는 것은 무척 어렵다는 점이다. 삶에 활력이 넘치는 건강한 사람은 비타민에 대한 필요를 느끼지 않고 최근에 전기밥솥을 산 사람은 새로운 전기밥솥에 대한 필요를 느끼지 않는다. 마찬가지로 소득이 없는 사람은 세무서비스에 대한 필요를 느끼지 않는다. 이러한 사람들에게 판매자가 비타민이 가진 피로회복 효과를 설명하고, 전기밥솥의 기능을 설명하고, 절세의 효과를 설명하는 것은 니즈를 만들어낼 수 있는 방법이 아닌 것이다.

세일즈에서 판매자들이 자주 하는 실수는 소비자에게 니즈를 만들어내려고 한다는 것이다. 하지만 이러한 행위는 판매자의 에너지와 시간을 소모시키고 판매의 과정을 비효율적으로 만들어 성취를 방해하는 요인으로 작용한다. 니즈는 주로 개인의 생활 속에서 발생하는 특정한 사건과 경험에 의해 형성되며, 상품 판매를 목적으로 전달되는 정보라는 것을 인식하고 있는 소비자에게 니즈를 형성하려는 노력은 오히려 저항감과 거부감을 발생시킨다. 따라서 니즈가 없는 소비자라는 것을 이해했다면, 니즈를 형성하기 위해 시도하면서 소비자에게 저항감과 거부감을 심어주는 것보다 나중에 니즈가 생겼을 때에 자신을 먼저 떠올리고 찾을 수 있도록 우호적인 이미지를 형성하기 위해 노력해야 하며, 기존에 가지고 있는 니즈를 찾아 증폭시키고 판매하고 있는 다른 상품과 연결시켜 판매로 이어나가는 전략을 활용해야 한다.

(2) 니즈 증폭

판매자는 소비자가 가진 니즈를 증폭시킴으로써 판매를 이어나가야 한다. 더 커진 니즈는 소비자가 판매자와 상품의 가치를 더 크게 느끼도록 만들고 더욱 적극적으로 상호작용 하게 만드는 조건을 형성하기 때문이다. 배가 고플수록 음식의 가치는 더 크게 느껴지고 도움이 필요할수록 더욱 적극적으로 도움을 줄 수 있는 사람을 찾게 되는 것이다.

소비자의 니즈를 증폭시키기 위해서는 먼저 소비자가 가지고 있는 니즈를 파악해야 한다. 그리고 니즈는 '관찰'과 질문'을 통해 파악될 수 있다. 판매자는 표정과 말투, 행동과 같은 비언어적인 표현을 관찰함으로써 소비자의 니즈를 파악할 수 있으며, 질문은 소비자의 니즈를 확인할 수 있는 직접적인 수단으로써 소비자의 니즈를 이끌어내고 증폭시키는 역할을 한다. 붕어빵을 사 먹는 손님에게 가족 것도 함께 구매할 것인지 물어보는 상인의 질문은 사랑하는 가족도 함께 챙겨야겠다는 생각을 자극해 손님이 더 많이 구매하도록 만들기도 하며, 치아보험을 가입하는 사람에게 주변에 암으로 고생한 사람이 있는지 물어보는 질문은 주변에 암으로 고생한 사람을 떠올리게 만들어 암보험도 함께 가입해야겠다는 생각으로 이어지도록 만들기도 한다. 이는 질문을 통해 가족도 함께 챙기고 싶어 하는 니즈, 위험을 대비해야 한다는 니즈를 인식시키고 증폭시켜 추가적인 구매, 다른 상품에 대한 구매로 연결한 사례에 해당한다.

가망고객

가망고객은 실제 상품에 대한 니즈가 있고 구매로 이어질 수 있는 능력을 갖춘 고객이다. 세일즈는 소비자와 판매자가 만나 이루어지는 과정이므로 판매자는 상품을 판매할 소비자가 필요하다. 그래서 가망고객을 찾는 행위는 세일즈의 시작이자 핵심이다. 판매자가 아무것도 하지 않는다면, 소비자는 찾아오지 않는다. 판매자와 상품을 모르기 때문이다. 니즈가 충만한 적극적인 소비자는 상품을 먼저 찾지만 수많은 판매자가 존재하는 시장에서 노출을 통해 먼저 인식된 판매자에게 가며, 니즈는 있지만 적극적이지 않은 소비자는 자신을 찾아와 니즈를 증폭시켜 주는 판매자에게 간다. 그렇다면 판매자가 해야 하는 일은 명백하다. 자신과 상품을 소비자에게 노출시키고 가망고객을 찾는 것이다.

(1) 많은 사람에게 노출하라

가망고객을 찾는 가장 좋은 방법은 많은 사람에게 판매자와 상품을 노출하는 것이다. 표본이 넓을수록 니즈를 갖춘 가망고객을 더 많이 확보할 수 있기 때문이다. 과거에는 소비자에게 정보를 노출시킬 수 있는 방법이 제한적이고 많은 비용을 필요로 했지만, 지금은 기술의 발전으로 검색엔진, SNS, 커뮤니티 등 다양한 채널을 통해서 적은 비용으로 소비자에게 효율적인 노출이 가능해지게 되었다.

(2) 특정한 수요를 갖춘 고객을 찾아라

모든 사람을 만족시켜 줄 수 있는 상품은 없다. 모든 사람은 개인마다 니즈가 다르기 때문이다. 당신이 한 번도 니즈를 느끼지 못한 상품이 어느 누군가에게는 매일 필요로 하는 상품이 되기도 하며, 당신이 매일 구매하는 상품이 다른 누군가는 한 번도 구매하지 않은 상품이 되기도 한다. 그렇다면 판매자가 취할 수 있는 전략은 무엇일까? 바로 특정한 니즈가 있는 공통된 소비자군을 찾고 해당 니즈를 충족시켜 주는 상품을 판매하는 것이다. 살을 빼고 싶지만 운동할 시간이 없는 사람은 다이어트 식품이 필요하고, 전문적인 화장이 필요하지만 숍에 방문할 시간적 여유가 없는 사람들은 출장 메이크업 서비스가 필요하며, 게임을 주목적으로 컴퓨터를 사용하는 사람은 게임 전용 키보드 및 마우스를 필요로 한다.

특정한 니즈를 가지고 있는 가망고객을 찾는 것은 수많은 상품이 존재하는 시장에서 판매자 본인만의 시장을 구축할 수 있는 방법이다. 보편적인 니즈와 이를 충족시켜 주는 상품은 시중에 넘쳐나는 만큼 치열한 경쟁 환경을 조성하지만, 특정한 니즈를 충족시켜 주는 상품은 다른 상품에 대한 기능 우위를 가지며 상대적으로 경쟁이 적은 환경을 조성하므로 선점과 독점의 기회가 존재한다. 또한 특정한 수요를 갖춘 고객은 함께 집단을 이루는 경향이 있어 소문, 소개를 통해 인식이 확산되는 속도가 빠르고 판매의 효율을 높여준다는 장점이 있다. 이러한 특징들은 소비자의 니즈가 더욱 세분화될수록 더 크게 작용한다.

(3) 다양한 선택지가 없는 고객을 찾아라

대부분의 시장은 소비자 우위의 시장이다. 하지만 판매자가 우위를 점할 수 있는 시장이 있다. 바로 소비자가 상품을 찾기 어려운 시장이다. 시장에서 판매하는 상품이 적거나 소비자의 환경적 특성으로 인해 선택지가 적게 형성되는 경우에 해당한다. 판매자는 다양한 선택지가 없는 고객을 찾아야 한다. 판매하는 상품이 판매자 우위를 형성하는 상품이 아니라면 다양한 선택지가 없는 상황에 있는 소비자를 찾아 판매자 우위의 환경을 조성함으로써 더욱 쉽고 효율적인 판매를 달성할 수 있기 때문이다.

타깃

판매자는 상품 판매를 목표로 하는 명확한 대상이 있어야 한다. 판매의 대상이 명확해야 그들의 성향과 성격을 분석함으로써 가치를 전달하는 과정에 적합한 전략을 설정할 수 있기 때문이다. 예를 들어 진로와 관련된 내용의 도서를 판매한다면 타깃은 학생 또는 학부모가 판매의 대상이 될 것이며, 이들의 성향과 성격에 맞는 방식의 채널을 활용하여 광고를 노출하고 공감할 수 있는 문구와 이야기를 활용함으로써 니즈를 증폭시키고 판매자와 상품의 가치를 더욱 효과적으로 전달할 수 있다.

카피

카피는 광고에서 사용하는 문구를 의미한다. 카피는 글을 통해 소비자에게 전달하고자 하는 내용을 더욱 깊은 인상으로 남기는 것을 목적으로 한다. 소비자가 상품에 더 큰 관심을 가지고, 혜택을 더 크게 인식하고, 더 저렴하다고 느끼고, 더 사고 싶게 만드는 것이다. '장미꽃 사세요'와 '소중한 사람에게 아름다움과 향기로 사랑을 전달하세요' 두 카피는 똑같이 장미꽃을 구매하라는 의미지만, 두 번째 문구는 소중한 사람을 떠올리게 만들고, 장미꽃을 아름다움과 향기로 표현함으로써 시작적, 후각적인 이미지를 형성하며, 사랑의 감정을 자극시켜 이를 인식한 소비자에게 더욱 깊은 인상을 전달한다.

광고는 제한된 조건을 활용하여 소비자에게 깊은 인상을 남기는 활동이다. 따라서 광고에서 사용되는 문구는 직접적이고 직관적이어야 하며, 이해하기 쉽고 간결하게 표현되어야 한다.

스토리텔링

스토리텔링은 소비자에게 가치를 전달하는 과정에 이야기를 활용하는 것이다. 특정한 내용을 이야기로 전달하는 것은 판매자가 전달하고자 하는 내용을 소비자가 더 크게 인식하고 공감할 수 있도록 만든다. 헬스트레이너가 PT 회원을 모집한다면, 운동을 통한 몸의 변화, 건강의 중요성에 대해 설명할 수 있겠지만, 이를 직접 경험한 회원의 사례를 이야기한다면 그 가치를 소비자에게 더욱 강한 인상으로 남길 수 있다. 몸이 약했지만 운동을 통해 몸이 좋아지면서 자신감과 활력이 생겨 이제는 감기도 안 걸린다는 한 회원의 이야기, 사람들과 함께 운동하는 것이 재미있고 힘들지만 운동이 끝나고 나면 보람을 느낀다는 한 회원의 이야기로 전달하면 소비자는 회원의 사례를 자신에게 대입하여 더욱 이해하고 공감하며, 그 내용을 더욱 중요하게 생각한다. 학원 강사가 자기를 소개하면서 그 자리에 서기까지 공부하고 노력한 과정을 이야기한다면, 단순히 경력을 나열하는 것보다 훨씬 더 많은 신뢰와 존경을 얻는다. 이처럼 이야기는 정보를 효과적으로 전달하며 다양한 부가가치를 형성할 수 있는 대표적인 수단이다.

이미지

이미지

이미지는 소비자가 판매자와 상품을 떠올릴 때 가장 먼저 자리 잡는 생각과 감정이다. 그리고 이미지는 소비자가 판매자와 상품을 대하는 자세와 태도를 결정한다. 집 현관문이 잠겨 열쇠 수리공을 불렀다고 하자, 한 열쇠 수리공은 1분 만에 문을 열 수 있는 능력이 있고 또 다른 수리공은 30분 만에 문을 열 수 있는 능력을 갖추고 있다. 각각의 열쇠 수리공이 도착해서 문을 열었다고 할 때, 소비자가 그 사람의 능력을 판단하는 기준은 무엇일까? 문을 여는 시간? 아니다. 열쇠 수리공의 '이미지'를 보고 능력을 판단한다.

소비자는 문이 잠겼을 때 문의 상태가 어떠한지, 문제가 어느 정도 심각한지에 대해 알지 못한다. 그래서 소비자는 문을 1분 만에 여는 열쇠 수리공을 보고 실력 있는 사람이라고 생각할 수도 있지만, 반대로 잠긴 문을 여는 것이 생각보다 별것이 아니라고 생각하고 장비만 있으면 금방 열 수 있는 것이라고 생각할 수도 있다. 마찬가지로 30분 만에 문을 여는 열쇠 수리공을 보며 실력이 없는 사람이라고 생각할 수도 있지만, 반대로 정말 열기 힘든 상황이라고 생각하거나, 오랜 시간 고생하는 모습에 고마워하면서 수리공을 실력 있고 성실한 사람이라고 생각할 수도 있다. 이 상황에서 소비자가 수리공의 실력을 판단하는 기준은 수리공이 문을 여는 데 걸린 시간이 아니라 수리공이 소비자에게 전달한 이미지라는 것이다.

　　수리공은 깔끔한 용모와 직업에 적합한 복장을 갖추고, 소비자에게 친절하고 열심히 노력하는 모습을 보이는 것만으로도 실력 있는 이미지를 구축할 수 있다. 여기에 더하여 문이 잠겼을 때의 팁이나 주의해야 할 사항들을 소비자에게 말해준다면 더욱 전문가스러운 이미지와 신뢰를 전달할 수 있게 될 것이다. 하지만 반대로 지저분한 모습을 보이거나, 업무에 적합하지 않게 너무 꾸미고 왔거나, 불친절한 모습을 보인다면 소비자에게 부정적인 이미지를 형성하며 실력 또한 폄하된다. 이처럼 이미지는 소비자에게 판매자와 상품에 대한 자세와 태도를 결정짓고 신뢰를 전달하며 그 가치까지 판단하는 기준이 되는 요소인 것이다. 판매자의 이미지는 소비자의 자세와 태도를 결정하고, 가치를 판단하는 기준을 제공함으로써 판매의 난이도를 결정한다. 소비자에게 이미지를 형성하는 요소와 판매자로서 추구해야 하는 이미지에 대해서 알아보자.

외모

　　외모는 첫인상을 통해 이미지를 결정짓는 주요한 요인이다. 외적인 부분은 사람이 가장 많이 활용하는 시각에 의해 가장 먼저 비치는 부분이기 때문이다. 잘생기고 이쁜 사람, 몸매가 좋은 사람, 비율이 좋은 사람, 옷을 잘 입는 사람, 깔끔하고 단정한 이미지를 풍기는 사람은 다른 사람에게 더욱 매력 있고 능력 있는 사람이라고 인식되며, 상품에서도 마찬가지로 보기 좋은 음식, 분위기가 좋은 카페, 청결하고 깔끔한 인테리어, 세련된 느낌의 제품이 실제 그 내용을 떠나 소비자에게 좋은 인상을 남기고 가치 있는 상품으로 인식된다. 외적으로 멋진 모습에 끌리는 것은 인간의 기본적인 본능이기 때문이다. 따라서 소비자에게 좋은 이미지를 형성하고 싶다면 판매자와 상품의 가치에는 외적인 부분 또한 포함된다는 것을 인식하고 외적인 용모를 관리하며 가꾸어야 한다.

포지셔닝

포지셔닝은 판매자가 소비자와의 관계를 형성하는 과정에서 위치를 결정하고 소비자에게 확인시키는 것을 의미한다. 소비자와의 관계에서 주도권을 가지고 원하는 포지션의 관계를 형성하는 것이다. 당신은 판매자로서 소비자와의 관계에서 어떤 위치를 형성하고 싶은가? 전문가로서 카리스마를 갖춘 판매자? 친근감이 느껴지는 편한 판매자? 부담을 주지 않는 판매자? 유쾌하고 재미있는 판매자? 원하는 포지션은 개인에 따라 다르겠지만, 관계에서 판매에 도움이 되는 위치를 형성해야 성취로 이어질 수 있게 될 것이며, 반대로 부정적인 영향을 미치는 위치로 관계가 형성된다면 성취로 이어지는 과정은 더욱 어려워질 것이다.

판매자는 본인이 하는 말에 힘을 싣고, 소비자가 집중하고 경청할 수 있도록 포지셔닝을 해야 한다. 전문가라는 점을 확실하게 소비자에게 인식시키고 문제를 해결해 줄 수 있는 해결사이자 협조자로서 소비자와의 관계를 구축하는 것이다. 포지셔닝은 판매자로서 인정받고 존중받으며 소비자와 상호작용할 수 있는 환경을 조성한다.

　　사람은 상대방과의 상호작용을 통해 자연스럽게 관계를 형성하고 포지셔닝이 이루어지지만, 판매자는 효율적인 판매를 달성하기 위해 소비자와의 관계에서 자신이 점하고자 하는 위치를 만들고 유지할 수 있는 능력을 갖추어야 한다. 판매자가 스스로 자신의 위치를 형성하지 못한다면, 소비자에게 끌려다니는 포지션을 취하게 되어 소비자마다 각기 다른 관계와 포지션을 취하게 되고, 일관된 이미지를 형성하지 못하게 되므로 브랜딩이 어려워지며 효율적인 판매 및 고객관리 시스템 구축이 어려워진다.

　　판매자가 소비자와의 관계에서 포지셔닝을 하는 방법은 판매자가 스스로 어떤 사람이라는 것을 소비자에게 드러내고 표현하는 것에서부터 시작한다. 나를 드러내고 표현해야만 소비자는 판매자를 인식하기 때문이다. 포지셔닝이 잘 이루어지면 소비자는 적극적인 자세와 태도를 바탕으로 판매자를 더욱 존중하고 신뢰한다.

　　소비자와의 관계를 원하는 모습으로 포지셔닝했다면, 다음으로 이루어져야 하는 행위는 자신의 위치를 유지하고 견고하게 만드는 것이다. 소비자와 상호작용 하는 과정에서 일관된 모습을 보여주고, 소비자의 니즈를 놓치지 않고 꼼꼼하게 대응하고, 논리적이고 적절한 어휘를 사용함으로써 형성된 관계가 무너지는 것을 방지하는 것이다. 소비자가 치과에 방문했는데 의사가 '치아'가 아닌 '이빨'이라는 단어를 사용하고, 충치 치료를 하면서 충분한 설명 없이 갑자기 임플란트를 해야 한다는 설명을 한다면 소비자는 치과의사를 전문가로 생각하지 않고 존중하지 않는다. 따라서 판매자는 자신이 포지셔닝한 위치에 걸맞은 실력과 행동을 갖추어야 한다.

소비자와의 관계에서 적절한 포지션을 형성하는 것은 매우 중요하다. 전문성이 중요한 상품이라면 전문가의 포지션을 취해야 하고, 편의성이 중요한 상품이라면 친근하고 편한 포지션을 취해야 한다. 관계는 상호적이므로 사람마다 다르게 형성되지만, 뛰어난 판매자는 자신이 원하는 소비자와의 관계를 구축하고 판매를 더욱 효율적으로 변화시킨다.

콘셉트

콘셉트는 이미지를 형성하는 과정에서 소비자에게 특별하게 전달하고자 하는 모습이다. 콘셉트는 소비자가 판매자와 상품에 대해 떠올리는 이미지를 의도적으로 만드는 것을 목적으로 한다. 저작권 전문 변호사, 트럭 전문 자동차 딜러, 부대찌개 전문점, 애견용품 전문점, 연금 전문 재무설계사, 자비출판 전용 출판사 등 특정한 콘셉트를 가진 판매자와 상품은 소비자가 인식할 때 해당 분야에 특화된 전문성과 기능을 갖춘 사람으로 보이게 만드는 효과를 발생시킨다.

판매자가 소비자에게 전달하고자 하는 콘셉트 이미지는 상품의 영역을 한정하는 방식으로 활용될 때 더 큰 효과가 발생한다. 에스

프레소를 전문으로 하는 카페는 에스프레소를 좋아하는 사람들에게 찾아가고 싶은 호기심을 불러일으켜 찾아가게 만들고, 디스크 수술만 하는 의사라는 이미지는 디스크 수술이 필요한 환자가 찾아가도록 만든다. 실제로 의사가 디스크 수술뿐만 아니라 다른 수술도 한다고 하더라도 말이다. 반대로 넓은 범위의 상품을 취급한다는 이미지는 더 넓은 시장을 확보하지만, 여러 상품으로 분산되는 만큼 전문적인 이미지를 구축하는 것에 더욱 많은 노력이 필요하다. 콘셉트는 이미지를 활용하여 차별화를 만들어내는 수단이며, 판매자가 특정 분야에 에너지를 집중함으로써 실제로 더욱 전문적이고 차별화된 서비스를 제공할 수 있는 환경을 조성한다.

전문가

판매자는 소비자에게 전문가의 이미지를 구축해야 한다. 전문성은 소비자가 필요로 하는 부분을 정확하게 파악하여 해결해주고 만족을 이끌 수 있는 바탕이 되기 때문이다. 그렇다면 소비자에게 전문가의 이미지를 형성하기 위해서는 어떻게 해야 할까? 먼저 실력을 쌓아야 한다. 해당 분야에 대해 지식을 갖추고 경쟁 상품에 대해 분석함으로써 실제 전문적인 능력을 갖추는 것이다. 전문가가 되면 있는 그대로의 모습을 소비자에게 보여줌으로써 자연스럽게 전문가의 이미지를 형성할 수 있으며, 일부러 자신을 포장하고 이미지를 만들기 위한 별도의 에너지가 필요하지 않기 때문이다. 실력이 없는 사람은 전문가 이미지를 형성하기 위해 없는 사실을 있는 것처럼 포장하는 무리한 시도를 하지만 실력은 결국 드러나게 되고 부정적인 결과로 본인에게 모든 것이 돌아온다는 것을 알아야 한다.

다음으로는 전문가라는 것을 드러내고 느끼게 해주어야 한다. 경력, 활동, 자격증, 사례 등을 바탕으로 소비자에게 전문가라는 것을 인식시키고 소비자의 니즈를 정확하게 파악하여 이를 완전히 해소시켜 주는 것이다. 전문가라는 사실은 반드시 소비자에게 표현되어야 한다. 그리고 소비자는 자신이 궁금해하는 내용, 모르고 지나치는 내용, 알아야 하는 내용을 명확하게 전달해주는 판매자를 전문가라고 인식한다. 여기서 드러내고 소비자의 니즈를 해소시켜 주는 과정에서는 자연스럽게 판매자의 전문성이 요구된다.

전문가는 소비자에게 전문지식을 나열하는 사람이 아니라 상호작용 하는 과정에서 여유가 느껴지고 소비자에게 필요한 정보를 전달해주는 사람이다. 마음의 여유는 실력을 갖춘 사람에게서 나오며 마음의 여유는 소비자에 대한 관심과 이해로 이어져 더 자연스러운 상호작용이 이루어질 수 있도록 돕는다.

협조자
판매자는 소비자에게 협조자의 이미지를 구축해야 한다. 실제로 판매자는 니즈를 해결하고자 하는 소비자에게 도움을 주는 사람이기 때문이다. 소비자가 니즈를 해결하기 위해 상품을 선택하는 과정에는 올바른 정보와 판단 기준이 필요하지만, 상품의 정보 접근성에 따라 제한되는 경우가 있고 이런 상황에서 소비자는 안내자의 도움이 필요하다. 직접적으로 구매를 권유하는 사람이 아니라 직간접적으로 소비자에게 영향력을 행사하며 구매로 이어질 수 있도록 만드는 역할이다. 당신이 구두를 사기 위해 구두 매장에 방문했다고 하자, 직원이 여러 디자인의 구두를 보여주며 판매를 권유할 수도 있겠지만, 어떤 옷과 매칭을 할 것인지, 출퇴근 시 편하게 신을 구두인지, 이미 집에 같은 종류의 구두가 있는지 등을 고려하여 구두의 종류와 색을 추천해준다면 당신은 본인도 제대로 정립하지 못했던 구두를 고르는 기준을 설정할 수 있게 될 것이다. 소비자는 자신의 니즈를 해결하는 데 도움을 주는 사람에게 고마움을 느끼고 구매를 결심한다.

협조자가 되는 것은 어려운 것이 아니다. 소비자의 니즈를 들어주고 이를 함께 해결해주는 것은 판매자의 기본적인 역할이기 때문이다. 협조자가 되는 순간 소비자는 판매자를 계속 곁에 두고 싶어 하며, 의지하고, 신뢰한다.

심리 및 감정

심리와 감정

소비자가 구매를 결심하는 데 있어 이성만큼 많은 영향을 미치는 것은 심리와 감정이다. 기분이 좋으면 괜히 돈을 쓰고 싶은 생각이 들기도 하고 귀찮다고 생각하면 더욱 불편해질 것을 알고 있으면서도 꼭 필요한 물건에 대한 구매를 미루기도 한다. 때로는 순간적으로 발생한 욕구에 의해 충동적인 구매가 이루어지기도 하고, 때로는 상품에 만족했지만 판매자의 멘트 하나에 기분이 상해 구매를 거절하기도 한다. 구매는 소비자의 만족에 의해 이루어지는 과정이며, 소비자의 심리와 감정은 '만족'을 형성하는 중요한 요소에 해당한다. 그래서 판매자가 소비자의 심리와 감정을 얼마나 잘 다룰 수 있는지는 성취를 달성하는 결정적인 요인으로 작용한다.

소비자는 생각보다 이성적이지 않다. 이성을 통해 종합적인 판단을 내리고 구매를 결심하기보다 판매자와 상품이 가지고 있는 특정 부분, 상호작용 하는 과정 속에서 느끼는 심리와 감정에 의해 만족하고 구매를 결심하게 되는 경우가 많다는 것이다. 따라서 판매자는 소비자의 이성보다 더 큰 힘을 발휘하기도 하는 심리 및 감정을 파악하고 이를 활용하여 판매로 이어나갈 수 있는 방법을 이해하고 활용해야 한다.

신뢰 형성

소비자는 판매자와 상품을 신뢰할 때 구매를 결심한다. 그래서 세일즈는 소비자에게 신뢰를 쌓아 구매로 이어지도록 만드는 과정이라고 할 수 있다. 내가 인정하고 신뢰하는 사람이라면 실수를 하더라도 의심하지 않고 이해하며, 내가 싫어하고 믿지 못하는 사람이라면 맞는 말을 하더라도 의심부터 한다. 따라서 판매자는 소비자에게 신뢰를 형성하기 위해 노력해야 한다. 그렇다면 판매자는 어떻게 소비자에게 신뢰를 얻을 수 있을까? 첫 번째 본질인 판매자와 상품의 가치를 높이는 것이다. 전문성, 훌륭한 성품과 인격, 성실함과 끈기, 노력의 요소를 갖추고 있는 판매자와 비교우위 및 차별화를 갖추고 있는 상품은 판매자와 상품의 가치는 보여주는 것만으로 소비자의 신뢰를 형성하기 때문이다.

당신이 인간관계에서 신뢰할 수 있는 사람을 떠올려보자, 말과 행동이 일치하는 사람, 본인이 하는 말에 책임을 지는 사람, 전문성을 갖춘 사람, 성실함과 끈기를 갖춘 사람, 어떠한 결과를 실제로 만들어낸 사람 등 당신이 신뢰할만한 가치를 갖추고 있는 사람일 것이다. 반대로 말만 번지르르하게 하고 행동이 다른 사람, 전문성이 부족한 사람, 정도를 걷지 않고 쉬운 길만을 찾는 사람, 책임감이 없는 사람 등은 신뢰하기 어려운 사람의 유형이다. 상품에 대해 좋은 내용만 나열하는 판매자들은 수없이 많다. 그중에서 당신이 차별화를 갖추기 위해서는 신뢰할 수 있는 사람의 자질을 갖추고 이를 표현하고 상호작용 하는 과정을 통해 소비자에게 전달함으로써 신뢰를 형성해야 한다.

소비자의 저항

판매자는 소비자의 내면에서 발생하는 저항감을 최소화시켜야 한다. 소비자는 판매자와 상호작용 하는 과정에서 주도적이지 못하고 끌려가는 것에 저항감을 느끼기 때문이다. 소비자의 인식이 성장함에 따라 합리적인 소비에 대한 중요성은 계속해서 강조되고 있고 다양한 소비 채널과 함께 다양한 방식의 소비가 가능한 환경이 조성되고 있다. 이에 따라 소비자는 과거의 구매 경험을 통해 더욱 똑똑해지고 합리적인 소비를 위해 다양한 요소를 고려하게 되었으며 판매자에게 쉽게 흔들리지 않으려는 자세를 취하게 되었다.

판매자의 의도가 노골적으로 느껴지는 대화, 구매를 요구하고 보채는 행위는 소비자에게 심리적, 감정적인 저항감을 발생시켜 마음이 떠나가게 만드는 가장 큰 요인으로 작용한다. 수많은 판매자가 있는 상황에서 불편한 감정을 느끼면서까지 상품을 구매할 필요는 없기 때문이다. 옷을 사러 매장에 방문했는데, 직원이 계속 달라붙어 끊임없이 말을 건네며 표정에 꼭 사라는 인상이 묻어나온다면, 소비자는 구매를 떠나 매장에 있는 것 자체를 부담스럽게 생각한다. 정말 마음에 드는 옷이 있지 않다면, 아마 제대로 둘러보지도 않고 나오게 될 것이다.

소비자의 저항감을 최소화시키며 판매자가 원하는 방향으로 이끌기 위해서는 소비자의 심리, 감정을 다루는 기술이 필요하다. 소비자를 원하는 방향으로 이끌기 위해 잡아끌고 미는 것이 아니라, 나아갈 수 있는 길을 조성하고 유도해 소비자가 이끌린다는 것도 모른 채 그 길로 나아가게 만드는 것이다. 이를 위해서는 사람에 대한 지식과 이해가 필요하고 이를 활용할 수 있는 능력을 갖추어야 한다. 당신이 소파를 사기 위해 백화점에 방문했는데, 매장 직원이 푹신함을 강조하며 부드러운 소파 하나를 추천하면서 상대적으로 딱딱하고 가격이 저렴한 소파를 함께 추천해준다면, 당신은 두 소파를 비교하며 푹신한 소파의 가격이 더욱 비싸다는 것을 확인하고 푹신한 소파일수록 더욱 고급스럽고 좋은 소파라는 인식을 가지게 된다. 돌소파 같이 딱딱한 소파도 있을 수 있고 이동이 편한 소파, 가격이 저렴한 소파, 침대로 변환이 가능한 소파 등 다양한 기능과 우위를 가진 소파들이 많지만. 매장 직원이 처음 두 개의 선택지를 추천하고 비교하도록 만듦으로써 소비자의 생각 속에 비교하는 기준을 정립시키고 판단하도록 만든 것이다.

이처럼 판매자는 소비자의 저항을 최소화하면서 소비자가 구매로 이어질 수 있도록 니즈를 불러일으키고, 스스로 좋은 상품을 찾았다고 느끼게 만들고, 사야 한다는 느낌이 들도록 만들어야 한다. 그리고 이 과정에서 소비자가 판매자에게 의도적으로 끌려가는 것 같다는 느낌을 전달해서는 안 된다. 판매자가 전문가로서 소비자의 상황에 따라 적합한 상품을 알아서 골라주는 상황도 소비자가 스스로 원해서 위임한 것인지, 휘둘린다는 느낌을 받는지에 따라 이후 구매 결심에 큰 영향을 미친다. 휘둘린다는 느낌은 불편함과 불안함,

의심과 불만을 형성하고 판매자와 상품의 가치를 온전히 전달하는 것을 방해하는 요인으로 작용한다.

선택의 자유

소비자는 스스로 선택하는 자유를 매우 중요하게 생각한다. 본인이 주도적으로 확인하고 비교하여 합리적인 선택을 했다는 느낌이다. 직접 상품을 선택하는 자유는 소비자가 합리적인 구매를 했다는 생각이 들도록 만들며 혹시 잘못된 구매로 이어진 상황에서 본인 선택의 결과, 그리고 다른 사람에 의한 선택으로부터 발생하는 결과라는 것의 차이는 책임의 소재가 누구에게 있느냐로 연결되기도 한다. 은행에서 대출 상품을 가입할 때 나름대로 여러 상품을 확인해보고 선택한 경우, 나중에 자신의 조건으로 더 낮은 이율의 대출이 가능했다는 것을 알게 된다면, 제대로 더 확인해보지 않은 자신의 책임으로 돌리지만, 직원이 추천해준 상품으로 바로 대출을 받았던 경우라면 더 나은 상품을 추천해주지 않은 직원의 책임으로 돌리는 것이다. 이처럼 선택의 자유는 소비자의 만족과 불만을 형성하는 요인으로서 사후 고객관리와 연관되는 요소이기도 하다.

그렇다면 세일즈에서 소비자가 직접 선택한다는 느낌을 주기 위해서는 어떻게 해야 할까? 본인이 원하는 니즈를 선택지를 통해 직접 구체화시키고 비교를 통해 상품을 선택하도록 만드는 것이다.

재테크에 관심이 있어 은행 PB센터에 찾아간 사람이 있다고 하자, 담당자가 재테크에 관심 있다는 이야기를 듣고 바로 투자상품을 추천하며 설명한다. 이런 상황에서 좀 더 많은 대화를 통해 적합한 상품을 찾아가고 싶었던 소비자라면 선택의 자유가 제한된다는 느낌을 받게 될 것이다. 하지만 반대로 담당자가 먼저 투자성향을 체크하고 기존의 투자 경험을 물어보며, 궁금한 부분이 있는지 물어보고 먼저 설명해주는 시간을 가진다면, 소비자는 스스로 선택하고 결정하고 있다는 느낌을 받는 것과 동시에 니즈 해결을 도와주는 협조자인 담당자에게 고마운 마음을 가지게 된다. 여기에 여러 상품을 추천하며 각 금융상품의 장단점에 대해 설명하고 비교해준다면, 소비자는 비교하고 금융상품에 가입하면서 스스로 합리적인 소비를 했다는 생각을 하게 될 것이다.

판매자는 소비자가 직접 본인의 니즈를 결정하고 상품을 비교하여 선택할 수 있는 환경을 제공해야 한다. 그리고 더욱 중요한 것은 니즈를 결정하고 비교하는 과정을 자신을 통해서 하도록 만들어야 한다는 것이다. 인터넷 쇼핑몰에서 홍삼액을 판매한다면 소비자가 여러 상품을 직접 찾아 비교하게 만드는 것보다, 다양한 홍삼액 상품을 직접 비교하고 경쟁우위를 갖추고 있는 점을 소비자에게 제시함으로써 자신의 영역 내에서 선택할 수 있도록 만드는 것이 경쟁에서 좀 더 자유로워지고 더욱 효율적인 판매를 할 수 있는 방법이다.

불안감 제거

불안감은 소비자의 구매 결심을 어렵게 만드는 가장 큰 요인이다.

이미 상품을 사용해본 적이 있고 만족한 소비자는 불안한 느낌 없이 상품을 다시 구매하지만, 처음 판매자와 상품을 접하고 다른 상품들을 모두 살펴보지 못한 상황에서 구매를 결심해야 하는 소비자는 실제 상품을 경험해보지 못했기 때문에 구매가 잘못된 선택일지도 모른다는, 더 나은 선택지가 있을지도 모른다는 사실에 불안감을 느낀다. 모든 소비자는 구매 과정에서 실패의 경험이 있다. 옷이 이뻐서 샀는데 체형에 맞지 않거나 펜을 샀는데 촉감이 좋지 않은 경우 등이다. 이처럼 소비자의 불안감은 구매 결심을 미루고 마음을 떠나가게 만드는 주요 원인으로 작용한다.

소비자는 모든 상품을 비교해보고 구매를 결정하지 않는다. 그래서 더 좋은 상품이 있을지도 모른다고 생각한다. 실제로 모든 상품을 비교하는 것은 불가능하고 많은 시간과 에너지를 소모시키는 비효율적인 행위이며, 소비자는 순간의 끌림과 만족으로부터 이루어지는 구매가 장기적인 만족을 보장하지 않는다는 것을 무의식적으로 알고 있기 때문이다. 따라서 판매자는 이러한 소비자의 불안함을 이해하고 다룰 줄 알아야 한다. 충분한 이유가 있는 불안감에는 공감해주고, 해결할 수 있는 불안감이라면 해결해주는 것이다.

소비자의 불안감을 제거하기 위해서는 소비자가 느끼는 불안감의 원인을 먼저 파악해야 한다. 상품 기능에 확신을 가지고 있지 못한다면 추가적인 설명을 하거나 실제로 체험할 수 있는 기회를 제공하는 것, 가격에 확신을 가지고 있지 않다면 다른 상품과 비교해서 더 저렴하다는 것을 보여주는 것 등이다. 소비자가 인터넷으로 물건을 살 때 이전의 판매 이력과 다른 소비자들의 후기를 가장 중요한 기준으로 삼는 것도 다른 사람의 경험이 본인의 불안감을 제거해줄 수 있는 가장 큰 요소로 작용하기 때문이다.

판매자는 소비자의 불안감을 다루고 제거하기 위해 노력해야 한다. 하지만 불안감이 완전히 해소되지 않더라도 소비자는 상품을 구매한다. 바로 판매자와 상품에 대한 신뢰가 형성된 경우다. 신뢰는 소비자가 불안감을 극복하고 구매 결심을 할 수 있도록 만드는 요인이며, 신뢰와 불안감은 양립하는 요소로서 신뢰가 불안감을 제거해주는 것이 아니라 불안감에도 불구하고 신뢰를 통해 구매하는 것이라고 이해해야 한다.

불안감은 때로 소비자를 적극적으로 만드는 원인이 되기도 한다. 학생과 학부모들에게 가장 큰 고민이자 스트레스인 학업과 입시, 학교를 졸업하고 경제활동을 시작해야 하는 청년들에게 가장 큰 고민인 면접과 취업, 결혼 적령기의 남녀에게 가장 큰 고민인 연애, 결혼과 같이 간절함과 불안함이 극대화된 시장에서 소비자는 불안감을 빨리 해소하고 싶어 하는 만큼 판매자에게 적극적으로 협조하고, 불안감을 빨리 해소시켜 줄 수 있는 상품에 초점을 맞춘다. 선택에 있어서 불안감은 소비자의 결심을 방해하는 요소로 작용하지만, 불안감을 기반으로 한 니즈는 빠른 결심을 유도하는 촉매제로 작용하는 양면성을 가진다.

소비자의 불안감을 해소시키는 근본적인 해결 방안은 바로 상품의 가치다. 소비자의 불안함과 두려움을 일으키는 원인인 더 나은 대안, 잘못된 선택의 가능성은 곧 상품의 가치가 해결해주기 때문이다. 또한 판매자의 가치는 상품의 가치와 결합하여 소비자에게 더 큰 가치와 만족, 신뢰를 제공한다. 그래서 가치를 형성하는 세일즈의 첫 번째 본질이 가치를 전달해 판매로 이어지기 위한 전제조건인 것이다.

이해와 존중

사람은 누구나 이해받고 존중받기를 원한다. 그리고 이해받고 존중받는다는 느낌은 소비자가 판매자와 상품에 대해 더욱 호의적인 자세와 태도를 가지도록 만든다. 소비자가 판매자와 상품에 대해 잘 모르는 것은 당연한 것인데, 판매자가 이러한 소비자 특성을 이해하지 못하고 아는 것을 자랑하거나 잘 모른다고 무시한다면 소비자는 어떤 느낌을 받을까? 반대로 소비자가 어느 정도 상품에 대한 이해도를 갖추고 있는 상황에서 판매자가 아무것도 모르는 아이를 대하듯이 설명한다면 소비자는 어떤 느낌을 받을 것이라 생각하는가?

이해와 존중은 말과 행동의 옳고 그름을 떠나 상대방을 그 자체로 받아들이는 자질이다. 진심으로 상대방을 이해하고 존중하고자 하는 태도를 갖추고 있지 않다면 무의식적인 태도와 표정, 말과 행동을 통해 상대방에게 표현되며, 상대방은 자신이 이해받지 못하고 존중받지 못한다는 사실을 무의식적으로 알아차린다. 판매자와 소비자의 관계 또한 인간관계를 바탕으로 형성되기에 소비자의 상황을 이해하고 존중하는 것은 판매자가 소비자와 좋은 관계를 유지하고 판매로 이어나가기 위한 바탕이 되는 요소에 해당한다.

소비자는 현재 본인의 상황과 니즈에 대해 이해받고 싶어 한다. 외모에 콤플렉스를 가지고 성형외과를 찾은 소비자를 상담사가 공감하지 못하고 대한다면 소비자는 자신이 존중받지 못한다는 것을 느끼고 방어적인 자세를 취한다. 인간관계의 모든 것은 상호적이다. 내가 다른 사람을 이해하고 존중해야 나 또한 소비자에게 판매자로서 이해받고 존중받을 수 있으며, 이해와 존중을 바탕으로 형성된 인간관계는 가치를 전달하는 상호작용의 과정을 더욱 효과적으로 만들어준다.

칭찬

칭찬은 상대방을 기분 좋게 만들고 나에 대한 호감을 형성한다. 사람은 자신의 장점과 노력을 알아보고 인정해주는 상대방에게 감사함과 고마움을 느끼고 긍정적인 에너지를 받기 때문이다. 칭찬의 중요성은 누구나 알고 있다. 하지만 칭찬하고 칭찬받는 것이 어색하고 서툰 사람들이 많다. 그렇다면 판매자는 어떠한 방식으로 칭찬함으로써 소비자와 우호적인 관계를 형성할 수 있을까?

먼저 가벼운 칭찬을 하는 것이다. 관계가 진전되지 않은 상태에서 농도가 짙고 무거운 칭찬은 오히려 상대방에게 부담스러움과 당황스러움을 주기 때문이다. 기분 좋게 넘어갈 수 있는 칭찬은 유쾌하지만, 가깝지 않은 상대방에게 다시 한번 돌이켜보고 생각하게 만드는 칭찬은 오히려 어색한 분위기와 상황을 연출한다.

다음으로는 칭찬만 하는 것이다. 칭찬을 하면서 다른 조건과 단서가 붙으면 기존에 했던 칭찬은 그 의미가 퇴색되기 때문이다. 칭찬을 할 때에는 칭찬만 해야 하며 다른 주제의 대화나 비판이 필요하다면 칭찬과 관련된 대화를 끝맺고 화제를 전환하여 전달해야 한다.

다음으로는 진심에서 우러나오는 칭찬이다. 사람은 상대방과 상호작용 하면서 자연스럽게 상대방을 평가한다. '이 사람은 이런 사람이구나', '생각이 참 바르네', '이상한 사람이네' 등과 같이 각자 개인의 주관적인 기준을 바탕으로 상대방의 말과 행동, 생각을 받아들인다. 진심으로 하는 칭찬이란 상대방과의 상호작용 속에서 긍정적으로 느끼는 부분에 초점을 맞추고 솔직한 피드백을 주는 것이다. 작위적인 칭찬은 진심이 아닌 것이 티가 나 오히려 불편한 상황을 연출하므로 상대방에게서 억지로 칭찬할 모습을 찾기 위해 노력하지 않아도 된다.

진심에서 우러나오는 칭찬을 하는 것은 내가 상대방에게 관심을 가지고 이해하며, 존중하는 마음을 가지고 있을 때 가능하다. 상대방에게 관심이 없고 이해심과 포용력이 없고 비판적으로만 바라보는 사람은 다른 사람을 진심으로 칭찬하는 것이 어렵기 때문이다. 따라서 다른 사람을 칭찬하기 위해서는 상대방의 칭찬할만한 말과 행동

이전에 내가 칭찬을 할 수 있는 자세와 마음을 가지고 있어야 한다.

칭찬을 할 때 주의해야 하는 점은 칭찬에서 존중과 인정이 드러나야 하지만 상대방에게 평가한다는 느낌을 주어서는 안 된다는 것이다. 상하관계가 명백한 관계에서 긍정적인 평가와 칭찬은 상대방을 인정하는 방법으로 작용하지만, 그렇지 않은 관계에서 개인에 대한 평가는 오히려 자신이 평가받는다는 느낌을 받아 불쾌함을 주는 경우도 있기 때문이다.

판매자가 소비자에게 건네는 적절한 칭찬은 분위기를 부드럽게 전환시키고 판매자에 대한 매력을 증가시킨다. 그리고 판매자에게 좋은 인상을 계속해서 주기 위해 행동하도록 만든다. 당신이 소비자의 장점을 찾고 드러내서 표현한다면, 소비자는 당신이 표현한 장점을 갖춘 사람으로 남아있을 것이다.

파악

판매자는 소비자의 심리와 감정을 파악해야 한다. 판매자의 심리와 감정을 제대로 파악해야 이에 대한 적절한 대응이 가능하고 만족을 이끌어 판매로 이어질 수 있기 때문이다. 소비자가 만족한다면 혜택을 더욱 강조하여 더 큰 만족을 전달하고, 고민이 있다면 이를 해소시켜 줌으로써 불안함을 제거해주어야 한다. 그렇다면 판매자는 어떻게 소비자의 심리와 감정을 파악할 수 있을까? 바로 관찰과 질문이다. 소비자의 심리와 감정은 의식적으로, 무의식적으로 말과 행동을 통해 겉으로 표현되며 판매자는 관찰을 통해 소비자의 심리와 감정을 인식할 수 있다. 직접 겉으로 드러나는 말과 행동은 바로 인식할 수 있지만, 간접적으로 표현되는 경우 이를 눈치채기 위해서는 다양한 경험을 통해 만들어지는 직관과 통찰이 필요하다. 상호작용 속에서 소비자의 침묵은 상품에 대한 몰입이 되기도 하고 때로는 고민이 되기도 하므로 이를 알아채기 위해서는 소비자의 성향, 표정과 행동, 전후의 상황 등을 고려한 추측이 이루어져야 하는 것이다.

상대방의 심리와 감정을 파악하는 가장 확실하고 직접적인 방법은 질문하는 것이다. 상품을 보고 어떤 생각이 드는지, 어떤 부분에서 만족하고 불만이 있는지를 직접적으로 물어보고 상대방에게 직접적인 대답을 통해 심리와 감정을 확인하는 것은 소비자의 상태를 파악할 수 있는 가장 직관적이고 확실한 방법이다.

따라서 판매자는 질문을 통해 듣고 싶은 대답이 아니라 소비자의 솔직한 마음을 듣는 것에 초점을 맞추어야 한다. 긍정적인 대답이든 부정적인 대답이든 솔직한 감정을 다룸으로써 소비자의 상황을 이해하고 이에 대응하여 판매로 이어나갈 수 있기 때문이다.

희소성
희소성이란 드물고 적은 특성이다. 상품의 희소성은 상품을 더욱 가치 있게 만들고 소비자의 니즈를 자극하여 구매 결심을 빠르게 만든다. 희소성이 있는 상품은 수요보다 공급이 적으므로 니즈를 느끼는 소비자가 상품의 가치를 더 크게 인식하고 구매 욕구를 더 크게 느끼도록 만들기 때문이다. 일반적인 상품은 희소하지 않지만, 판매자와 소비자의 폐쇄적인 관계 속에서는 희소성이 발휘되는 순간을 만들 수 있다.

신발 매장에서 상품을 전시할 때 특정 운동화에 적은 재고를 배치해두었다고 하자. 마음에 드는 신발의 재고를 확인한 손님이 자신의 발 사이즈에 맞는 신발이 하나밖에 없다는 것을 인식한다면, 다른 손님이 가져갈 경우 상품을 더 이상 선택할 수 없다는 무의식적인 인식이 형성되어 더욱 빠른 결정을 내리게 된다. 실제로 창고에는 해당 사이즈의 운동화 재고가 더 있을지도 모르지만 재고를 적게 전시해놓은 것만으로 손님은 무의식적으로 상품을 더욱 희소하다고 느끼게 되는 것이다. 또한 사람들이 줄을 서서 기다리는 매장, 몇 주 전부터 미리 예약을 해야 하는 미용실, 진료를 받으려면 몇 개월을 기다려야 하는 의사 등과 같이 수요가 공급을 초과하는 것처럼 보이는 환경은 상품의 희소성을 형성하는 요인으로 작용한다. 이처럼 환경을 조성함으로써 판매자는 소비자의 니즈를 자극하고 더욱 가치 있는 상품으로 인식하도록 만들 수 있다.

환경

소비자는 상품을 알아보고 구매하는 과정에서 주변 환경에 영향을 받는다. 따라서 판매자는 의도적으로 환경을 조성함으로써 소비자의 심리와 감정에 영향을 미칠 수 있다. 카페를 운영한다면 손님이 오래 머물게 만들기 위해 부드러운 의자를 통해 편안한 느낌을 제 공할 수 있고. 반대로 손님이 많다면 오래 머무르지 않게 만들기 위 해 딱딱한 의자를 배치하고 의자보다 높이가 낮은 테이블을 설치함 으로써 공부하는 손님을 제한할 수 있다. 헬스장에서는 빠르고 신나 는 음악을 크게 틀어놓음으로써 고객들이 더욱 활동적으로 운동하 도록 만들 수 있으며, 미술관에서는 부드러운 조명과 조용한 음악을 통해 관객들이 작품에 더욱 몰입하도록 유도할 수 있다. 이처럼 판매 자는 소비자를 둘러싼 환경이 소비자의 감각을 통해 심리와 감정에 영향을 준다는 것을 이해하고 이를 활용함으로써 더욱 효율적인 방 식으로 성취를 달성할 수 있다.

판매자는 목적달성을 위해 환경을 조성함으로써 적극적으로 소비 자에게 영향을 주어야 한다. 의도에 맞추어 적절한 환경이 조성되고 소비자에게 영향을 미칠수록 판매의 효율은 더욱 증가하기 때문이다.

상호작용

판매자는 소비자와 상호작용 하며 상품을 판매한다. 여기서 상호 작용이란 판매자와 소비자 사이에서 발생하는 자극과 반응이다. 판매 자가 소비자를 만나 인사하고 자신을 표현하는 것, 니즈를 환기시키 는 것, 상품에 대해 설명하는 것, 정서적인 교류를 하는 것을 포함한 판매의 과정에서 이루어지는 모든 것은 상호작용에 포함되며, 그 내 용이 적절하다면 상호작용은 다양하고 많을수록 판매에 긍정적인 요 소로 작용한다. 대화를 적게 나눈 판매자보다는 다양한 이야기를 많이 나눈 판매자에게 더 마음이 가고 상품에 대한 설명을 더 자세하게 들을수록 판매자와 상품에 대해 깊은 인상을 가지게 되는 것이다.

세일즈에서 상호작용이 중요한 이유는 상호작용이 많이 이루어질수록 소비자가 판매자와 상품에 대해 친근감과 편안함을 느끼고 더욱 만족하기 때문이다. 주짓수를 하는 관원이 체육관에서 운동만 하는 것이 아니라 운동도 하면서 관장 및 다른 관원들과 다양한 이야기를 나누고, 운동이 끝난 이후에 같이 밥도 먹는다면 관원들은 훨씬 더 주짓수를 재미있고 편안하게 느끼게 될 것이다.

또한 상호작용은 판매자가 소비자에게 더 많이 정성을 쏟고 있다는 것을 보여줌으로써 소비자가 판매자에게 고마움을 느끼게 만드는 요소로 작용한다. 따라서 소비자와 자주, 더 많이 상호작용 할수록 더 큰 성취를 이룰 수 있게 된다.

긁어 부스럼

소비자와의 상호작용은 자주, 더 많이 이루어질수록 좋다. 하지만 때로는 그 상호작용이 마치 긁어 부스럼과 같이 판매자의 정성과 노력을 전달하지 못하고 왜곡시키는 경우도 발생한다. 상호작용이 반작용을 일으키는 상황은 다음과 같다.

먼저 소비자가 원하지 않는 주제로 상호작용이 이루어지는 경우다. 예를 들어 소비자가 상품에 관심을 가지고 설명이 듣고 싶은 내용이 있는데, 이를 판매자가 제대로 파악하지 못하고 다른 주제로 이야기를 계속하는 상황이라면, 소비자는 판매자에게 저항감을 느끼고 때로는 상품에 대한 관심까지도 잃게 된다. 소비자는 자신이 관심 있는 내용만 듣고 싶어 하기 때문이다. 많은 판매자들이 잘못 생각하는 부분 중 하나가 더 자세한 내용을 풀어서 설명해주면 소비자가 좋아할 것이라는 생각이지만, 실제 소비자에게 관심 없는 내용으로 이루어지는 대화는 소비자에게 전문적인 이미지를 형성하지도 더욱 만족시켜 주지도 못한다. 또한 너무 많은 정보는 소비자를 혼란스럽게 만들어 상품을 판단하는 기준을 흐리고 구매를 결심하는 과정을 더욱 어렵게 만들기도 한다.

다음으로는 대화 중 분위기에 찬물을 끼얹는 것이다. 소비자가 마음에 드는 상품을 이미 선택했는데 다른 상품을 추천한다면, 가격은 별로 신경 쓰지 않고 있던 소비자에게 가격이 비싼 것이 단점이라는 설명을 한다면, 비교를 충분히 했다고 생각했는데 또 다른 비교 기준을 전달한다면 소비자는 자신의 판단에 혼란을 느끼고 구매 결심을 뒤로 미루게 된다. 판매자가 좋은 의도로 소비자와 상호작용을 하더라도 소비자의 상태를 고려하지 않은 상호작용은 긁어 부스럼이 되는 것이다.

협조와 노력
더 열심히 일했을 때 밥이 더 맛있게 느껴지는 것처럼, 소비자는 본인이 상품을 알아보고 결정하는 과정에 수고와 노력이 더 많이 들어갈수록 그 상품을 가치 있게 생각한다. 같은 레스토랑에서 파스타를 먹는다고 하더라도 지나가다가 눈에 보여서 방문한 레스토랑보다 맛집을 오랫동안 찾아보다가 발견한 레스토랑에서 먹는 파스타가 훨씬 가치 있고 맛있게 느껴지는 것이다. 심지어 기대한 만큼 맛있지 않더라도 자신의 노력과 수고를 보상받기 위해 맛있게 먹었다고 합리화하는 상황이 발생하기도 한다. 자신이 레스토랑을 찾기 위해 투자한 노력과 시간이 상품에 대한 가치로 전환된 것이다.

직접 입어보고 산 옷, 선착순으로 구매한 공연 티켓, 공부 시간을 빼고 아르바이트를 해 돈을 모아 산 선물, 더 먼 위치에 있는 병원 진료 등과 같이 더 많은 수고와 노력에 대한 보상으로 소비자는 더 큰 만족을 얻고자 하는 경향이 있다. 그러므로 판매자는 상품을 판매하는 과정에서 소비자의 협조와 노력을 요구하는 행동을 어려워할 필요가 전혀 없다. 니즈가 있는 소비자는 더 나은 상품을 선택하기 위해 협조하고 노력할 의지가 있으며 더 많은 노력이 투자될수록 해당 상품을 더욱 가치 있게 느끼고 만족하기 때문이다.

기대 형성

소비자는 기대하는 것을 좋아한다. 본인의 니즈를 꼭 만족시켜 줄 수 있는 상품이 있을 것이라는 기대, 본인이 생각한 것보다 더 좋은 상품이 있을 것이라는 기대감이다. 따라서 판매자는 소비자가 좋아하는 기대감을 상품 판매에 활용할 수 있어야 한다. 판매 과정에서 상품을 보여주면서 설명하는 것보다 설명이 이루어진 뒤에 상품을 보여준다면 소비자에게 더욱 강한 인상을 남길 수 있는데, 이는 상품을 선택하는 기준과 상품의 장점 등을 듣는 과정 속에서 상품에 대해 상상하고 기준을 만족하는 상품에 대한 기대가 먼저 형성되기 때문이다.

소비자에게 기대를 형성할 때 주의해야 하는 점은 실제 상품의 가치가 소비자에게 전달될 때 그 기대에 부합하거나 그 이상이 되어야 한다는 것이다. 기대를 충족하는 상품은 더 큰 만족을 불러오지만, 반대로 너무 큰 기대는 오히려 기대를 충족시키지 못하는 상황을 발생시켜 판매자와 상품에 대한 실망과 의심으로 이어지기 때문이다. 판매자는 소비자에게 기대를 심어주고 기대를 충족시켜야 한다. 그리하면 소비자는 더 크게 만족하고 상품을 구매하게 될 것이다.

혜택의 강조

상품이 소비자에게 제공하는 혜택은 여러 번 강조되어야 한다. 왜냐하면 소비자는 판매자의 설명을 쉽게 잊어버리기 때문이다. 그래서 소비자는 때로 상품을 선택하는데 고려해야 하는 기준을 잊어버리고 오히려 별로 중요하지 않은 정보를 선택의 기준으로 삼기도 한다. 그러므로 소비자에게 전달하고자 하는 메시지가 있다면 반드시 강조하고 반복함으로써 잊지 않도록 만들어야 한다.

청소기를 사려고 하는 소비자가 있다고 하자, 판매자는 흡입력의 기준이 되는 출력이 중요하다는 설명과 함께 할인 중인 상품을 소개하지만, 설명이 별로 기억에 남지 않는다면 소비자는 판매자가 말해준 기준과 혜택에 상관없이 자신의 기준을 바탕으로 청소기를 선택한다. 하지만 20만 원에서 8만 원으로 할인된 가격으로 청소기를 구매할 수 있다는 사실이 구체적으로 소비자에게 강조되어 명확하게 인식된다면, 소비자는 이후에 청소기를 사용할 때마다 저렴하게 샀다는 생각을 하며 더욱 만족한다.

소비자가 상품을 구매하는 시점에서 상품이 가져다주는 이점을 다시 한번 강조하면 소비자는 상품에 대한 확신을 가지고 더 큰 만족감을 느낀다. 상담 치료를 받는다면 치료를 통해 개선된 내용, 교육을 받는다면 교육을 통해 향상된 성적을 다시 한번 짚어줄 때 소비자는 본인이 얻은 혜택을 더욱 크게 인식하기 때문이다. 또한 판매자가 당연하게 제공하는 혜택인 1+1 사은품, 헬스장에서의 샤워 시설 이용, 식당에서의 주차 이용과 같이 당연히 제공하는 혜택 또한 소비자에게 강조되지 않으면 당연한 것이 되어버리지만, 소비자에게 전달되는 순간 소비자는 같은 혜택이라도 더 많은 혜택을 받는다고 느낀다. 이처럼 상품을 선택하는 기준, 상품이 소비자에게 주는 혜택 등은 소비자가 확실하게 인식할 수 있도록 강조되어야 하며, 소비자가 확실하게 인식한 혜택은 사용할 때마다 소비자에게 더 큰 만족감을 제공한다.

심리적 기한
판매자는 소비자에게 심리적인 기한을 설정해주어야 한다. 선택의 기한이 가까울수록 소비자는 선택을 중요하게 생각하고, 기한이 길어질수록 소비자의 관심은 멀어지고 선택이 덜 중요하다고 생각하기 때문이다. 예를 들어 재고수준, 판매기한과 같이 물리적 조건에 의해 기한이 설정되는 경우 소비자는 상품에 희소성을 느껴 더 큰 가치를 부여하고 구매 결심 또한 빨라진다. 이는 자연스럽게 기한이 설정됨으로써 소비자의 니즈를 자극하는 경우에 해당된다. 하지만 물리적 조건에 의해 기한이 설정되지 않는 상황에서도 소비자의 니즈를 자극하고 구매 결심을 촉진시키는 방법이 있다. 바로 심리적인 기한을 설정하는 것이다.

심리적인 기한을 설정하는 것은 고민이 길어지고 결정을 늦춘다고 해서 더 나은 상품을 선택할 수 있는 것이 보장되지 않는다는 점을 소비자에게 인식시키고, 소비자가 스스로 상품에 대해 언제까지 고민하고 결정할 것인지에 대해 기한을 설정하도록 함으로써 선택과 결심을 더욱 중요하게 생각하도록 만드는 것이다. 소비자는 기한에 여유가 있을 때, 상품을 천천히 면밀하게 고려하는 것이 아니라 아무런 관심을 가지지 않다가 기한이 다가올 때 다시 상품을 검토하기 때문이다. 제품이라면 남은 재고를 표시해놓는 것, 서비스라면 판매기한을 설정해놓는 것, 소비자가 고민한다면 결정할 시간을 정해주는 것은 소비자의 니즈를 자극하고 상품에 대한 관심을 증가시켜 빠른 의사결정을 돕는 요소로 작용한다.

단순화

판매의 과정은 단순해야 한다. 사람은 복잡한 것보다 단순한 것을 선호하기 때문이다. 판매의 과정을 단순화시켜야 한다는 것은 소비자가 더 쉽고 간결하게 선택할 수 있도록 기준과 선택지를 제시해야 한다는 것이다. 예를 들어 식당에서 다양한 메뉴는 소비자의 선택 폭을 넓혀주지만 반대로 결정을 어렵게 만들며, 인터넷으로 상품을 결제하려고 하는데 설치해야 하는 프로그램이 너무 많고 절차가 복잡하다면, 소비자는 구매를 미루거나 중지한다. 선택지가 많고 복잡할수록 상품을 선택하고 구매하는 과정에서 더 많은 에너지를 소모하게 되기 때문이다. 마찬가지로 소비자에게 상품의 가치를 전달하는 과정에서도 복잡한 설명보다는 쉽고 간결한 설명이 소비자에게 더 강하고 긍정적인 인상을 남길 수 있다.

소비자가 구매를 결심하는 데 있어 갈피를 못 잡는 상황이라면 상품의 내용 또는 선택기준, 구매 과정을 어렵고 복잡하게 느끼고 있을 가능성이 높다. 이런 경우에는 기준과 절차를 간결하고 명확하게 제시함으로써 쉽고 단순함을 인식시켜야 한다. 메뉴가 너무 많다면 줄이는 것, 계약의 진행 순서를 먼저 알려주는 것, 필요한 서류를 사전에 안내해주는 것과 같이 구매의 과정이 더욱 쉽고 간단해질 때 소비자는 더 쉽게 이해하고 만족하며 구매를 결심한다.

소비자의 이해

소비자에게 이해를 요청할 때에는 어느 정도 상호작용이 이루어진 뒤에 이루어져야 한다. 관계가 형성되지 않은 상태에서는 소비자가 판매자를 이해해줄 이유가 전혀 없기 때문이다. 식당에서 손님이 음식을 주문할 때 현재 주문이 밀려 음식이 나오는 데 30분 정도 소요될 것 같다고 양해를 구하는 것과 식당에 들어오자마자 주문이 밀려 음식을 시켜도 30분 정도 시간이 걸린다고 말하는 것은 똑같이 소비자에게 이해와 배려를 요청하는 행위이지만 소비자에게는 다르게 인식된다. 이미 주문까지 한 상황이라면 30분 정도는 기다릴 수 있다고 생각할 수 있지만, 식당에 들어오자마자 듣는다면 너무 오래 기다려야 한다고 생각하거나 판매자의 완곡한 거절이라고 생각하고 식당을 나오게 되는 것이다.

이는 상품에 대한 단점을 설명할 때에도 동일하게 적용된다. 상호작용이 이루어지고, 관계가 형성되고, 상품의 장점과 혜택이 인지되어 있고, 소비자의 니즈가 자극되어있는 상태에서는 단점을 말하더라도 판매자에 대한 신뢰, 상품의 혜택과 장점 등이 이를 상쇄시키지만, 그렇지 않은 상태에서 상품의 단점, 유의사항 등이 전달된다면 부정적인 인식이 먼저 자리 잡아 상품의 가치를 낮추는 요소로 작용한다. 따라서 판매자는 소비자의 이해를 요청하는 타이밍과 표현하는 방식에 따라 소비자의 이해와 만족이 달라질 수 있다는 것을 이해해야 한다.

긍정적 표현

소비자에게 가치를 전달할 때에는 긍정적인 표현을 사용해야 한다. 부정적인 표현은 자극적이기에 사람들의 관심과 호기심을 돋우는 것에 도움이 되지만, 판매자와 상품에 대한 긍정적인 이미지를 형성하고 판매로 이어가는 과정에서는 별로 도움이 되지 않기 때문이다. 따라서 상품에 대한 설명, 제안, 선택이 이루어지는 과정에서는 소비자가 얻을 수 있는 혜택, 다른 상품과 비교할 때의 경쟁력 등 긍정적인 부분에 초점을 맞추고 이에 대한 표현 또한 부정적으로 느껴지지 않을 수 있도록 신경 써야 한다. 상품의 가격이 저렴하다면, 저렴하다는 표현은 오히려 "싼 게 비지떡"이라는 부정적인 이미지로 소비자에게 인식될 수도 있으므로 저렴하다는 표현보다는 가격적인 측면에서 유리하다고 표현하거나, 더 적은 비용으로 많은 혜택을 받을 수 있다는 식으로 같은 내용을 더욱 긍정적으로 전달하는 것이다. 전달하고자 하는 판매자와 상품의 가치는 긍정적인 표현을 통해 전달되어야 그 가치의 왜곡을 방지할 수 있다.

인정

인정은 어떠한 사항을 그대로 받아들이는 것으로 판매자로서 반드시 가져야 하는 자질이다. 다른 사람의 의견을 듣지 않고 자신의 고집만 피우는 사람은 인간관계 속에서도 소외되기 마련이지만, 판매자와 소비자의 관계에서는 곧 소비자의 거절과 부정적인 평판으로 이어지므로 사실을 인정하고 수렴할 수 있는 이해와 아량이 요구된다. 어떠한 사실을 인정하는 것은 때로 아쉽고 부끄럽게 느껴질 수 있지만, 이를 인정하고 대응한다면 소비자에게 더 큰 신뢰를 형성하고 만족감을 전달할 수 있다.

(1) 무지

판매자는 소비자와 상호작용 하는 과정에서 모르는 것이 있다면 이를 인정하고 소비자에게 양해를 구한 뒤 정확한 정보를 전달해주어야 한다. 많이 아는 것은 전문가로서의 이미지를 형성하고 소비자에게 더 큰 신뢰를 형성하는 요인이지만, 판매자도 사람이기에 모든 것을 알지 못하며 실수를 하는 경우도 발생한다. 하지만 판매의 과정에서 더욱 중요한 것은 모르는 상황에서 어떠한 대처가 이루어지느냐 하는 것이다.

판매자들이 많이 하는 실수 중 하나는 자신이 모르는 것을 대답해야 하는 상황에 닥쳤을 때, 말을 돌리는 것과 같이 상황을 회피하려고 하는 것이다. 하지만 상황을 회피해서 모면하려고 하는 행동은 무지하다는 것을 고객에게 인지시키는 것과 동시에 신뢰까지도 잃게 되는 상황을 연출한다. 계속해서 똑똑해지고 있는 소비자는 판매자가 잘 몰라서 말을 돌린다는 사실을 눈치채기 때문이다. 그러므로 판매자는 모르는 사실이 있으면 이를 인정하고 소비자에게 양해를 구해 올바른 정보를 찾아서 전달해주어야 한다. 비록 전문가적인 이미지는 조금 약해질 수 있지만 더욱 중요한 것은 소비자의 니즈를 해결해주는 것이며, 소비자와 좋은 관계를 형성했다면 무지를 인정하고 이를 찾아 해결해주는 노력은 솔직하고 책임감이 있는 사람이라는 인상을 심어줄 수 있다.

(2) 단점과 불만

판매자는 소비자가 느끼는 단점과 불만을 인정하고 해결해야 한다. 문제를 해결하는 과정에서 판매에 대한 개선이 이루어지고 판매자는 실력을 키울 수 있기 때문이다. 하지만 단점과 불만을 인정하지 않는다면 문제는 해결되지 않고 이후에도 같은 문제가 발생하는 상황을 야기하여 판매의 효율을 감소시킨다.

소비자가 느끼는 단점과 불만은 판매자가 스스로 문제점을 찾고 개선해나가야 하는 노력을 더욱 쉽게 만들어준다. 그러므로 판매자는 불만과 단점이 타당하다면 이를 인정하고 소비자를 만족시켜 줄 수 있는 방법을 찾아야 하며, 타당하지 않다면 소비자의 감정이 상하지 않는 선에서 오해라는 점을 인식시켜야 한다.

부족한 부분을 인정하는 것은 못난 것이 아니라 멋있는 것이다. 사실을 인정하는 행위는 부족한 부분을 받아들이고 문제를 해결하고자 하는 적극성과 책임감을 갖춘 마음의 여유가 있는 사람이 할 수 있는 것이기 때문이다. 사실을 인정하고 문제를 해결하기 위한 판매자의 노력은 어느 순간 더 높은 상품의 질과 고객의 만족으로 이어져 판매의 효율을 증가시키고 더 큰 성취로 이어지게 된다.

고객의 거절
판매자는 소비자의 수많은 거절을 경험한다. 니즈가 없는 경우,

관심이 없는 경우, 니즈는 있지만 확신이 없어 결정을 미루는 경우, 니즈를 충족하지 못해 거절하는 경우 등 거절에는 다양한 종류의 유형이 존재하며, 소비자의 거절이 있다면 판매자는 먼저 소비자가 니즈를 가지고 있는지를 파악하고 거절의 유형을 이해해야 이에 올바르게 대응할 수 있다.

상대방이 거절하는 이유를 파악하기 위해서는 관찰을 통해 추측할 수 있지만, 추측은 말 그대로 추측이고 완곡한 방식으로 거절하는 소비자도 있으므로 정확한 이유를 파악하기 어려운 경우가 많다. 따라서 거절이 이루어졌을 때에는 직접적으로 이유를 물어보는 것이 효과적이다. 니즈가 없는 소비자는 대답을 회피하지만, 니즈가 있는 소비자는 판매자와의 관계가 무너진 것이 아니라면 거절의 이유를 해소하기 위해 질문에 적극적으로 대답하므로 소비자가 느끼는 문제에 대한 효율적인 접근이 가능해진다.

(1) 니즈가 없는 거절

니즈가 없는 소비자의 거절은 상황을 최대한 우호적으로 마무리하는 것에 초점을 맞추어야 한다. 나중에 니즈가 형성되었을 때 당신을 떠올릴 수 있도록 긍정적인 이미지와 인상을 남기는 것이다. 니즈가 없는 소비자를 설득시켜 판매로 이어나가고자 하는 노력은 매우 어렵고 많은 에너지가 소요되며 오히려 소비자가 저항감을 느끼게 만들고 판매자에 대한 부정적인 이미지를 형성하여 다시 찾지 않게 되는 상황을 조성한다.

(2) 관심이 없는 거절

어느 정도의 니즈는 가지고 있지만, 상품에 관심이 없거나 이미 거래하고 있는 판매자가 있어 설명을 들을 자세가 되어있지 않은 거절 유형이다. 이 경우에는 소비자의 주의를 끌기 위한 전략이 필요하다. 판매자와 상품이 가지고 있는 차별점과 우위를 소비자에게 간결하고 명확하게 인식시키는 것이다. 니즈가 있는 사람이라면 당연히 더 가치 있는 판매자와 상품을 원한다. 다만 판매자와 상품의 가치가 제대로 인식되지 못한 상황이므로 이를 해결해야 한다.

(3) 결정을 미루기 위한 거절

결정을 미루기 위한 거절은 판매자 또는 상품에 대한 신뢰와 확신이 부족하고 불안함이 해소되지 않은 상태에서 이루어진다. 더 나은 상품이 있을지도 모른다는 생각, 좀 더 비교해보고 싶다는 생각을 가지고 있는 상태에 해당하는 거절 유형이다. 결정을 미루는 유형의 소비자들에게는 상품의 희소성을 강조할 수 있는 상황을 연출하고 심리적인 기한을 설정해주어야 하며, 상품에 대한 확신을 가질 수 있도록 상품을 비교해주는 활동 등이 이루어져야 한다.

(4) 불만족으로 인한 거절

불만족으로 인한 거절은 상품의 가치가 소비자의 니즈에 부합하지 않거나 가치가 올바로 전달되지 못하는 경우에 발생한다. 특히 불만족으로 인해 거절을 하는 소비자의 유형은 한번 떠나면 다시 돌아오지 않는다는 특징을 가지고 있다. 이런 경우에는 먼저 질문을 통해 소비자가 불만족하는 부분을 명확하게 확인해야 하며, 더욱 세부적인 니즈를 파악한 뒤 니즈에 맞는 새로운 상품을 추천해주고 가치를 오해한 부분이 있다면 이를 해소시켜 주어야 한다. 고객의 불만족은 그 가치가 전달되는 과정에서 오해를 원인으로 하는 경우가 상당히 많다. 따라서 당신은 상품의 가치를 전달하는 방식에 더욱 신경 써야 하며, 소비자의 불만족을 성장하기 위한 수단으로 활용해야 한다.

화법

화법은 말을 하는 방법이다. 판매자와 상품의 가치는 직접적인 대화 또는 글을 매개체로 하여 소비자에게 전달되며, 화법은 이를 자연스럽고 유창하게 풀어나감으로써 소비자가 더욱 관심을 가지고 대화에 집중하게 만들어 가치를 효과적으로 전달하기 위한 수단이다.

대화는 길수록 좋다

소비자와의 대화는 길수록 좋다. 대화가 길다는 것은 그만큼 많은 상호작용이 이루어진다는 것이기 때문이다. 서로를 알아가는 대화, 니즈와 관련된 대화, 상품과 관련된 대화 등 대화는 상호 간에 정보, 느낌을 전달하고 공유하는 과정에서 친근감과 신뢰를 형성해 상품 판매에 긍정적인 영향을 미친다. 대화는 어떤 주제라도 도움이 되지만, 좀 더 효율적인 판매를 위해서라면, 니즈, 상품과 관련된 이야기를 하는 것이 소비자의 니즈를 증폭시키고 상품에 대한 관심과 몰입도를 높일 수 있는 방법이다.

판매자가 소비자와 대화하는 과정에서 유의해야 할 점은 말 그대로 그 내용이 대화여야 한다는 점이다. 대화는 쌍방에 의해 이루어지는 소통의 과정이기 때문이다. 판매자의 일방적인 소통 또는 소비자의 일방적인 소통은 대화가 아닌 단순한 정보와 감정의 전달이므로 판매자는 소비자에게 일방적인 소통이 아닌 상호 간의 대화가 될 수 있도록 균형을 잡고 이야기를 풀어나갈 수 있어야 하며, 대화의 내용이 의미를 가질 수 있도록 만들어나가야 한다. 긴 대화라도 알맹이가 없다면 의미가 없으며 시간과 에너지만 소모시켜 판매의 효율을 떨어뜨리기 때문이다.

메시지의 종류

메시지는 상대방에게 전달하고자 하는 내용이다. 대화를 통해 전달되는 메시지의 종류는 다음과 같다.

(1) 정보

정보는 특정 현상에 대한 자료 및 분야에 대한 지식이다. 세일즈에서 판매자는 주로 상품에 대한 정보를 소비자에게 전달한다. 판매의 과정에서 소비자에게 전달되는 정보는 정확해야 하며, 신속하고 간결하게 전달되어야 한다.

(2) 느낌

판매자는 소비자가 느끼는 감정을 표현할 수 있도록 이끌어야 한다. 소비자의 느낌과 감정을 알게 되는 것만으로도 소비자의 상태를 파악할 수 있고 이에 대응함으로써 판매로 전환시킬 수 있기 때문이다.

(3) 설득

설득은 의도를 가지고 상대방에게 영향을 미치는 것을 목적으로 하는 메시지다. 소비자가 구매하도록 설득하기 위한 메시지는 합당한 논거가 뒷받침되어야 하며, 받아들이는 소비자의 상태, 심리와 감정을 고려하여 전달되어야 한다.

(4) 거절

거절은 소비자가 판매자의 의도에 반하여 구매하지 않겠다는 의사 표현이다. 설득에 근거가 뒷받침되어야 하듯이, 소비자의 거절에도 이유가 존재한다. 판매자는 거절의 원인을 파악하고 해결함으로써 판매로 전환시킬 수 있고 판매의 과정을 더욱 효율적으로 만들 수 있다.

상대방의 분류

대화는 상대방의 조건에 따라 다른 방식으로 이루어져야 한다. 사람은 개인마다 서로 다른 관심사, 성향, 사고방식을 가지고 있으며 판매자는 상대방의 조건에 따른 경향성을 이해하고 적용함으로써 더욱 원활하고 자연스러운 대화를 이끌어나갈 수 있다. 상대방을 분류할 수 있는 기준에 대해서 알아보자.

(1) 성별

화법은 상대방의 성별에 따라 차이를 두어야 한다. 남녀 성별의 차이는 대화 스타일에 영향을 미치기 때문이다. 남성의 경우 니즈를 해소시켜 줄 수 있는 상품의 기능적인 측면에 주로 초점을 맞추는 반면 여성의 경우 신뢰할 수 있는 판매자인지에 대한 관계적 측면에 더욱 초점을 맞추는 경향이 있다. 남성 소비자는 상품의 장점과 혜택, 다른 상품과의 차별점 같은 객관적이고 정확한 사실을 더욱 중요하게 생각하며, 여성 소비자는 판매자가 믿을 수 있는 사람이라는, 말이 잘 통한다는 느낌을 더욱 중요하게 생각한다. 기본적으로 대화는 상대방이 관심 있는 주제로 이루어져야 하고 논리가 뒷받침되어야 하며, 심리와 감정을 고려해야 한다. 그리고 성별에 따른 차이를 대화에 반영함으로써 더욱 효율적인 방법으로 가치를 전달할 수 있다.

(2) 나이

대화할 때 상대방의 나이는 전달하는 메시지의 성격에 변화를 주어야 할 정도로 중요한 고려사항이다. 나이에 따라 선호하는 메시지의 형태가 다르기 때문이다. 나이가 젊을수록 유행에 민감하고, 재미를 추구하고, 정확성에 초점을 맞추고, 본인의 호기심을 자극하지 못하는 내용에 무관심하고, 관심이 없는 부분에 있어 쉽고 빠르게 판단을 내리는 경향이 있으며, 반대로 나이가 들수록 단순하고 쉬운 것을 선호하고, 전달하는 내용의 중요성을 바탕으로 판단하고, 판매자와의 관계성을 더욱 중요하게 생각한다. 따라서 당신은 소비자의 나이에 따른 성향을 고려하여 표현하는 내용과 방식을 결정하고 메시지를 전달해야 한다.

(3) 직업

직업은 소비자의 생활 양식을 이해하는 데 도움이 되는 요소에 해당한다. 개인의 직업은 생활, 생각, 성향, 환경 등의 차이를 발생시키고 이에 따른 경향성을 만들기 때문이다. 예를 들어 전업주부는 가사업무와 육아, 택시 운전사는 운전이라는 서로 다른 일을 하므로 관심사, 선호도, 성향 또한 다르게 형성된다. 직업에 따른 특성과 경향성을 통해 판매자는 소비자를 더욱 깊게 이해하고 이를 대화 속에 반영함으로써 더욱 자연스럽고 친밀한 관계를 형성할 수 있다. 판매자는 소비자의 직업에 해당하는 분야에 대해 존중하는 자세와 태도를 갖추고 소비자의 성향에 적합한 표현 방식을 통해 가치를 전달해야 한다.

(4) 지식

판매자는 대화할 때 해당 분야에 대한 상대방의 지식을 고려해야 한다. 소비자의 지식과 이해도에 따라 설명하는 방식이 달라져야 한다는 것이다. 골프 레슨을 하면서 골프채 종류에 대해 설명해준다면, 초보자는 재미있어하고 좋아하겠지만, 숙련자는 이미 알고 있는 내용이기에 가치가 없다고 생각하거나 무시 받는다고 느낄 수 있다.

따라서 대화는 주제에 대한 소비자의 지식수준을 고려하여 이루어져야 하며, 이를 위해서는 소비자의 지식수준을 파악하고 수준에 맞춰 대화를 이어나갈 수 있는 능력이 필요하다. 소비자의 지식을 고려한 대화는 판매자가 분야에 대한 전문성을 갖추고 있을 때 가능하다는 특징이 있다.

듣기

듣기는 대화에서 메시지를 전달하는 것에 대응하는 개념이다. 말하기는 듣기를 통해 이루어지고 듣기는 말하기를 통해 이루어진다. 따라서 제대로 된 소통이 이루어지기 위해 판매자는 말하는 만큼 많이 들어야 한다. 소비자의 생각과 감정, 느낌을 듣는 것은 판매자가 소비자의 성향과 니즈, 상태를 파악할 수 있는 방법으로 판매자가 소비자를 이해하고 이에 대응할 수 있도록 만들어 판매로 전환시킨다.

판매자는 대화 초반에 상황을 풀어나가기 위해서 듣기보다는 말하는 비중이 큰 경우가 많다. 하지만 대화 속 질문을 통해 소비자가 이야기를 할 수 있는 환경을 조성함으로써 소비자가 말하는 비중이 더 커질 수 있도록 만들어야 한다. 소비자가 자신의 이야기를 많이 할수록 닫힌 마음은 열리고 의심은 신뢰로 바뀌며 판매자의 말 한마디가 소비자에게 더 큰 영향을 미치기 때문이다.

공감

소비자의 상황과 생각에 공감해주는 것은 소비자의 마음을 얻는 가장 좋은 방법이다. 소비자는 자신의 상황에 공감해주는 상대방에게 동질감과 친근함, 고마움을 느끼기 때문이다. 공감하는 방법은 특별한 노력을 필요로 하지 않는다. 상대방의 말에 진심으로 몰입하고 편견 없이 상대방의 상황과 생각을 받아들이고 그 마음을 이해해주는 것이다. 공감은 소비자가 이해받고 존중받는다고 느끼도록 만들어 판매자와 우호적인 관계를 형성하고 만족과 신뢰를 쌓을 수 있는 기반을 조성한다. 특히 니즈에 대한 공감은 소비자가 스스로 니즈를 더욱 선명하게 인식하도록 만들어 니즈를 증폭시켜 주는 효과를 발생시키기도 한다.

질문

대화의 흐름은 질문이 만든다. 질문은 소비자에게 자극을 전달해 피드백을 형성하는 대표적인 수단이며, 판매자는 질문을 통해 소비자를 파악할 수 있고 소비자의 판단과 결정까지도 좌우할 수 있다. 예를 들어 한 사람이 사과와 바나나 중 어떤 과일을 더 좋아하는지 질문을 받았다고 하자. 이에 답변하는 사람의 사고는 다른 과일이 아닌 사과와 바나나 두 가지로 한정된다. 또한 실제로 두 과일을 모두 싫어할 수도 있지만, 상대적으로 더 좋아하는 과일을 선택해야 하는 질문을 받음으로써 하나의 과일을 좋아한다는 긍정적인 답변을 해야 한다. 다른 예로 재테크에 관심이 있냐는 질문을 받았다고 하자, 만약 관심이 있다고 대답했다면 이어서 재테크와 관련된 정보를 전달받을 때 스스로 관심이 있다고 말했기 때문에 더욱 집중해서 듣게 된다. 이처럼 질문은 대화를 이끌고 대화자 상호 간의 사고와 반응을 유도하고 결정짓는 역할을 한다. 질문의 종류는 크게 개방형 질문과 폐쇄형 질문으로 구분할 수 있다.

(1) 개방형 질문

개방형 질문은 선택지 없이 상대방의 의견을 묻는 질문으로 '어떤 과일을 찾으세요?'와 같이 소비자가 자유롭게 대답할 수 있는 질문이다. 개방형 질문은 주로 소비자를 파악하는 단계에서 사용되며, 질문에 대한 답변을 통해 소비자의 관심, 성향, 니즈, 기준 및 감정 등을 파악하기 위해 활용된다. 여기서 어떤 과일을 찾는지에 대한 질문은 '과일'이라는 주제로 소비자의 생각을 한정 지음과 동시에 과일에 니즈가 없는 경우 본인이 필요로 하는 상품을 말하도록 만드는 기능을 한다.

개방형 질문은 니즈가 명확하고 어느 정도 상품에 대해 알고 있는 소비자와의 대화에 적합하다. 니즈가 제대로 형성되어 있지 않거나 상품에 대해 잘 모르는 경우 선택지가 없는 개방형 질문에 소비자는 당황하고 답변을 못 하기 때문이다. 개방형 질문은 자유로운 의견을 듣기 위한 질문으로서 대화의 내용을 더욱 풍성하고 다양하게 만들어준다는 특징이 있다.

(2) 폐쇄형 질문

폐쇄형 질문은 선택지가 주어진 상황에서 하나의 답을 선택해야 하는 질문이다. 폐쇄형 질문은 선택지를 통해 소비자의 사고를 정해진 주제로 제한하고 그 과정을 단순화하는 데 사용된다. "귤은 작은 걸로 포장해드릴까요, 큰 걸로 포장해드릴까요?"라는 질문에 소비자는 큰 것과 작은 것을 골라야 하는 상황에서 '중간 크기의 귤' 또는 '섞어서'라는 선택지를 떠올리는 것에 제한을 받으며, 둘 중 하나의 조건을 선택하면 '포장을 한다'는 인식을 구조화시켜 선택을 쉽고 단순하게 만들 수 있다. 판매의 과정에서 폐쇄형 질문은 주로 소비자의 결심을 유도하는 과정에서 활용되며, 선택이 쉽다는 장점이 있어 니즈가 제대로 형성되어 있지 않거나 상품에 대해 잘 모르는 소비자에게 활용할 때 효율적이다.

질문의 내용은 상황과 문맥에 맞는 내용으로 적합하게 제시되어야 한다. 주제와 맞지 않은 갑작스러운 질문 또는 답이 정해진 대답으로 느껴지는 질문에 소비자는 부담을 느끼고 그 질문에 담긴 의도를 생각하기 때문이다.

판매자는 소비자에게 어떠한 질문을 던지고 대화를 이끌어가느냐에 따라 소비자의 반응이 달라질 수 있다는 것을 이해해야 한다. 혹시 소비자의 특정한 반응이 반복된다면 대화를 풀어가면서 소비자에게 던진 어떠한 질문이 그 원인일 수 있다. 이런 경우 소비자에게 던지는 질문을 변경하고 추가함으로써 소비자의 대답과 자세, 태도의 변화를 유도해야 한다.

대답

판매자는 소비자의 대답을 관리함으로써 더욱 효율적인 판매를 달성할 수 있다. 대답을 관리한다는 것은 판매자가 소비자에게 원하는 답변을 얻고 그 대답을 판매로 전환시키기 위한 노력이다. 판매자가 성취를 달성하기 위해 대답을 관리하는 방법은 무엇일까? 먼저 소비자의 진심을 이끌어내야 한다. 제대로 된 대화는 상호 간 진실된 생각과 느낌을 주고받는 것을 전제로 한다. 대화 내용에 관심이 없거나 상황을 넘기고 싶은 경우 소비자는 건성으로 대답하게 되며 이런 상태에서 주고받는 대화는 가치를 제대로 전달하지 못하기 때문이다. 따라서 판매자는 소비자가 솔직한 생각과 마음을 표현할 수 있도록 대화를 이끌어나가야 하며, 본인 또한 소비자에게 진심으로 생각과 느낌을 전달해야 한다.

다음으로 소비자의 대답은 긍정적이어야 한다. 그 말은 곧 소비자가 실제로 긍정적으로 느끼도록 만들어야 한다는 것이다. '네', '아니요', '좋아요', '싫어요'와 같은 답변은 연속성과 지속성을 지니고 있으며 이후에 이루어지는 대화에 영향을 미친다. 상품 설명의 과정에서 '좋아요'라는 대답은 이후에 이어지는 대화와 상품에 대한 인식을 더욱 좋게 만들지만, '싫어요'라는 대답 이후에 이어지는 대화는 싫다는 대답을 만회하기 위한 추가적인 대화로 이어지며 이후에 이어지는 대화에 지속해서 부정적인 이미지를 형성한다. 따라서 판매자는 소비자가 긍정적인 답변을 할 수 있는 질문을 설계함으로써 대화를 더욱 즐겁고 만족스럽게 만들어야 한다.

소비자의 대답은 가치의 전달이 올바로 전달되었는지를 직접적으로 확인할 수 있는 가장 좋은 방법이다. 연인과 데이트 약속을 정했다면 상대방이 제대로 인식했는지 확인하는 방법은 무엇일까? 상대방이 본인의 입으로 직접 약속일과 시간을 말하도록 만드는 것이다. 상대방이 데이트 약속에 대해 직접 말하는 행위는 약속의 내용을 스스로 인식하고 상대방에게 인지했다는 것을 보여주는 증명이기 때문이다. 이를 세일즈에 적용할 경우, 판매자가 소비자에게 가치를 올바르게 전달했는지를 확인하는 방법은 소비자가 직접 자신의 입으로 판매자와 상품의 가치를 말하게 만드는 것이다.

소비자가 입으로 직접 말하는 가치는 판매로 전환될 수 있는 가장 효율적인 대답이다. 꽃집 근처를 지나가던 손님이 꽃이 너무 이쁘다고 하면서 들어온다. 그리고 주인에게 장미 꽃다발의 가격을 묻더니 저렴하다고 좋아한다. 이 상황에서 주인이 할 말은 "어떻게 드릴까요?" 한마디면 충분하다. 추가로 별도의 설명을 하지 않아도 손님은 이미 꽃의 아름다움의 가치와 가격에서의 경쟁력을 인식하고 있기 때문이다. 이런 상황에서 주인은 꽃의 아름다움이나 저렴한 가격을 손님에게 어필하는 것보다 대화를 통해 친근감과 신뢰를 형성하고 손님이 아직 인식하지 못한 장점인 이쁜 포장을 하는 것에 집중하고 이를 드러내 인식시킴으로써 상품의 경쟁력을 더욱 강화하는 것이 손님의 만족을 증가시키는 방법인 것이다.

판매자가 전달하고자 한 상품의 가치가 소비자의 대답으로 표현되는 것은 판매로 이어질 수 있는 가장 강력한 신호에 해당한다. 따라서 당신은 진실된 대답, 긍정적인 대답을 통해 소비자가 판매자와 상품의 가치를 직접 표현할 수 있도록 만들기 위해 노력해야 한다.

표정과 몸짓

판매를 잘하는 사람은 표정과 몸짓을 적극적으로 활용한다. 표정과 몸짓은 대화에서 전달하고자 하는 메시지의 전달력과 호소력을 더욱 높여주는 역할과 함께 소비자의 심리와 감정을 파악할 수 있는 수단이기 때문이다. 슬픈 이야기를 하면서 슬픈 표정을 하고 의문을 표현하면서 어깨를 으쓱이는 몸짓과 같이 표정과 몸짓은 청각과 시각을 결합하여 메시지를 전달함으로써 내용을 강조하고 상대방에게 더욱 깊은 인상을 남길 수 있는 방법이다.

표정과 몸짓을 통한 비언어적 표현은 그 사람의 무의식적인 생각과 느낌을 드러낸다. 표정 변화가 없거나, 팔짱을 끼거나, 몸의 방향이 틀어져있다면 상대방이 대화에 관심이 없거나 마음을 열지 않았다는 것을 의미하고 반대로 자세를 앞으로 기울이고 있거나, 본인과 비슷한 자세를 취하고 대화 내용에 즉각적인 표정 변화를 보인다면 대화에 몰입하고 있다는 것을 의미한다. 그리고 여기서 더욱 중요한 것은 무의식적으로 드러나는 표정과 몸짓에 상대방은 다시 또 무의식적인 반응을 나타낸다는 사실이다. 상대방이 집중한다고 느껴지면 무의식적으로 대화를 더욱 주도적으로 이끌어나가게 되고, 반대로 상대방에게 방어적인 태도를 느낀다면 더 짙은 호소력을 발휘하기 위해 과장된 표현과 몸짓을 사용하게 된다. 따라서 당신은 소비자와 대화하는 과정에서 표정과 몸짓의 비언어적 표현을 파악하고 이에 적절하게 대응함으로써 대화를 이어나가야 하며, 자신의 표정과 몸짓을 통해 상대방에게 더욱 집중하고 있다는 모습을 보여주고 상대방이 불편함을 느끼지 않을 수 있도록 스스로의 표정과 몸짓을 통제해야 한다. 소비자에게 시선을 유지하고, 고개를 끄덕이고, 일어서서 대응하는 등의 비언어적 표현을 통해 소비자에게 집중하고 있다는 것을 드러내고, 시선을 돌리거나 팔짱을 끼거나 뒷짐을 지는 등의 행동을 통제함으로써 소비자가 무의식적인 불편함을 느끼지 않을 수 있도록 하는 것이다.

목소리

목소리는 듣는 사람의 청각을 자극하는 요소로써 판매자에 대한 신뢰, 이미지를 형성하고 전하고자 하는 메시지에 영향을 미친다. 목소리는 메시지를 포함한 심리와 감정까지도 반영하기 때문이다. 당신은 사람들과 대화를 하면서 그 내용을 떠나 소리가 제대로 전달되지 않아 다시 물어보거나 듣기 불편한 목소리를 가진 사람을 접해본 적이 있을 것이다. 대화를 전달하기에 적합한 목소리가 아닌 경우 그 내용은 상대방에게 제대로 전달되기 어렵고 소통을 방해하는 요인으로 작용한다. 그러므로 판매자는 대화에 적합한 목소리를 갖추기 위해 노력해야 한다. 개인이 타고나는 목소리의 개성은 변화시킬수 없지만, 대화에 적합한 목소리는 노력을 통해 갖춰질 수 있다. 대화에 적합한 목소리를 구성하는 조건에 대해 알아보자.

(1) 큰 목소리

대화를 할 때에는 큰 목소리가 좋다. 작은 목소리보다는 큰 목소리가 내용을 전달하기에 좋기 때문이다. 큰 목소리는 상대방에게 더 잘 들리고, 주의를 끌어 강한 인상을 남기고, 자신감을 함께 전달한다. 각종 마트, 시장을 돌아다니면서 사람들이 몰리는 곳의 판매자를 자세히 살펴보면, 목소리가 큰 사람이 많다.

(2) 명확한 발음

발음은 명확해야 한다. 명확하고 또렷한 발음은 상대방에게 전달하고자 하는 메시지를 더욱 정확하고 논리적으로 인식하도록 만들어주기 때문이다. 발음이 새거나, 정확하지 않은 경우 소비자는 내용을 직관적으로 받아들이기 어려워하고 이해를 위해 추가적인 에너지를 사용하는 과정에서 불편함을 느낀다. 또렷한 발음으로 대화를 하는 사람과 어눌한 발음을 가진 사람이 있다면 소비자는 당연히 또렷한 발음을 가진 판매자를 더욱 전문가로 생각하고 신뢰하게 될 것이다.

(3) 말의 속도

판매자는 말의 속도를 신경 써야 한다. 말의 속도는 화자의 감정과 심리를 반영하기 때문이다. 급하거나 흥분한 상황에서 말은 자연스럽게 빨라지고 여유가 있는 상황에서는 자연스럽게 느려지며, 화가 나거나 짜증이 나는 상황에서도 말을 천천히 하면 차분해지는 것과 같이 말의 속도는 화자의 심리와 감정에 영향을 미치기도 한다. 따라서 판매자는 말하는 속도의 완급조절을 통해 대화를 긴박하고 때로는 차분하게 이끌어나갈 수 있어야 한다. 일반적으로 차분하고 여유가 담긴 목소리는 자신감을 전달하고 안정감을 느끼게 만들어 신뢰를 형성하지만, 반대로 빠른 목소리는 다급하고 흥분한 이미지를 형성함으로써 소비자에게 긴박하고 불안한 마음을 형성할 수 있다는 점에 주의해야 한다.

단어 선택

판매자는 소비자가 이해하기 쉬운 어휘를 사용하여야 하며, 효율적으로 의미를 전달할 수 있는 적절한 단어를 선택해야 한다. 대화하는 과정에서 판매자가 업계에서 사용하는 은어나 전문용어를 사용하고 임팩트가 없는 단어를 사용하는 것은 소비자의 이해와 인식을 어렵게 만들고 대화를 지루하게 만드는 요인이 되기 때문이다. '이 상품은 잘 팔립니다'와 '이 상품은 항상 하루 만에 매진됩니다'라는 멘트는 똑같이 잘 팔린다는 의미를 전달하지만 '항상', '하루', '매진'이라는 단어 선택을 통해 같은 내용을 훨씬 임팩트 있게 전달할 수 있다. 따라서 판매자는 메시지를 더욱 잘 전달하기 위해 이해하기 쉽고 임팩트 있는 단어를 활용해야 하며, 단어를 선택할 때에는 표준어를 사용하고 맞춤법에 유의해야 전달하고자 하는 의미를 정확히 전달할 수 있다.

확인

판매자는 소비자의 니즈가 어떻게 되는지, 전달하고자 하는 가치가 제대로 전달되고 있는지 지속적으로 확인해야 한다. 확인은 소비자의 니즈를 충족시키고, 판매자가 정성을 쏟고 있다는 것을 보여줄 수 있는 강력한 수단이기 때문이다.

소비자의 니즈를 확인하는 과정은 판매자가 놓칠 수 있는 소비자 니즈의 우선순위, 요구사항을 확실하게 함으로써 소비자에게 더 큰 만족을 줄 수 있는 방법이다. 확인 과정을 거친 후 소비자에게 이루어지는 추천 상품은 소비자가 스스로 자신의 니즈와 요구가 반영되었다고 느끼게 만들어 더 큰 만족감과 신뢰를 형성하기 때문이다.

대화가 잘 이루어지고 있는지를 확인하는 과정은 판매자의 설명이 소비자에게 올바르게 이해되고 있는지를 확인함으로써 가치가 왜곡되는 것을 방지하고 소비자의 집중을 유도한다. 또한 확인 시 질문을 통해 소비자를 대화에 참여하도록 만들어 대화를 자연스럽게 이끌어나갈 수 있다. 니즈가 있는 소비자는 판매자가 확인하는 과정을 귀찮게 생각하지 않으며, 오히려 자신을 위해 더욱 신경 쓰고 노력해준다는 사실에 고마워한다.

요청

대화 속에서는 상품의 특성 또는 판매 과정에 따라 소비자에게 요청을 해야 하는 상황이 발생한다. 소비자의 동의 또는 협조가 필요한 상황이다. 이때 소비자에게 불편함을 주지 않으면서 적극적으로 협조하도록 만들기 위해서는 어떻게 해야 할까? 먼저 판매자는 소비자에게 직접적으로 요청해야 한다. 직접적인 방법이 아닌 간접적인 방식으로 돌려서 요청한다면, 소비자는 본인의 협조가 필요하다는 사실을 명확하게 인식하지 못할 수 있기 때문이다. 협조를 해야 한다는 것을 인식시키고 그 이유를 명확히 전달하여 당위성을 확보해야만 소비자가 귀찮게 느낄 수 있는 부분을 상쇄시킬 수 있다.

다음으로는 당당하게 요청해야 한다. 요청이 판매 과정에 꼭 필요하고 합당한 것이라면 판매자가 소비자에게 미안해할 이유는 전혀 없으며, 판매자의 당당한 요청은 소비자가 자신의 동의와 협조를 당연한 판매의 과정으로 받아들이게 만듦으로써 불편함을 느끼기보다 적극적으로 협조하도록 만드는 역할을 한다. 판매자가 소비자에게 요청하면서 당당하지 않은 모습으로 눈치를 보고 미안함을 드러내면 소비자는 본인의 수고에 대해 불만을 가지고 귀찮아한다. 요청은 소비자와 어느 정도 관계가 형성되고 상호작용이 된 이후에 이루어져야 하며, 관계가 형성되지 않은 상태에서의 요청은 의심과 불만을 자극하는 요소로 작용할 수 있다.

자연스러움

대화는 자연스럽고 막힘이 없어야 한다. 대화가 매끄럽고 자연스러운 경우, 소비자는 그 대화를 더욱 즐겁게 받아들이고 대화를 이끄는 판매자를 더욱 매력 있고 실력 있는 사람으로 인식한다. 반대로 대화의 흐름이 주제가 갑작스럽게 바뀌는 것과 같이 자연스럽지 않거나 대화에 공백이 발생할 때, 대화에 대한 몰입은 감소하며 소비자는 판매자를 말이 잘 안 통하는 사람이라고 인식한다. 특히 대화의 흐름이 끊기는 상황 중 설명이 꼬이거나 잘 모르는 부분에 부딪혀 말문이 막히는 경우 소비자는 대화의 부자연스러움을 판매자의 전문성과 연결시켜 신뢰가 무너지는 상황이 발생하기도 한다. 따라서 당신은 대화의 흐름을 자연스럽게 이끌어야 하며, 소비자의 돌발적인 질문과 예상치 못한 반응에도 당황하지 않고 대처할 수 있는 전문성과 여유를 갖추어야 한다.

당연함

판매자가 설득하기 위해 전달하는 정보는 그 이유와 근거가 있어야 한다. 하지만 그렇다고 해서 설명하는 모든 것에 이유와 근거를 소비자에게 전달할 필요는 없다. 때로는 어떠한 설명에 대한 이유와 근거가 대화를 매끄럽게 이어나가는 것에 도움이 되기보다 말이 길어지고 복잡하게 만듦으로써 소비자를 혼란스럽게 만들고 대화를 지루하게 만드는 요소로 작용하기 때문이다. 판매자는 대화 속에서 소비자의 확실한 인지가 필요한 부분에 대해서는 그 이유와 근거를 함께 설명해주어야 하지만, 꼭 알고 넘어가야 하는 내용이 아니거나 알고 있을 만한 사항이라면 소비자가 이미 이유와 근거를 알고 있는 것처럼, 당연한 것처럼 설명하는 것이 대화를 매끄럽게 만들 수 있는 방법이다.

회사 담당자가 노무사에게 자문을 받고 있는 상황이라고 가정해보자, 노무사가 노동법을 위반하지 않는 범위 내에서 할 수 있는 권한과 조치에 대해 설명할 때, 각 행위와 조치마다 관련된 법률 조항을 모두 설명하는 것은 원활한 대화를 이어나가는 것에 도움이 되지 않는다. 마찬가지로 수영모를 구매하기 위해 스포츠용품점을 방문한 손님에게 수영모를 써야 하는 이유에 대해서 설명할 필요도 없는 것이다.

판매자의 설명에는 근거가 있어야 하지만 그 근거를 상대방에게 반드시 설명할 필요는 없다. 소비자가 궁금해하는 부분이 있다면 그 의도를 파악하고 관련 근거를 통해 명확하게 해소해주는 것이 더욱 중요한 것이다. 판매자의 추가적인 설명은 적절하게 이루어지지 않으면 판매에 도움이 되지 않는 내용에 소비자가 집중하도록 만들고 새로운 의심을 불러일으키는 긁어 부스럼으로 작용한다. 하지만 소비자가 이미 알고 있는 것처럼 자연스럽게 설명한다면, 소비자에게 당연하다는 인식을 심어줌으로써 때로는 근거를 설명하는 것보다 더 큰 설득력을 형성하기도 한다.

대화 사이클

대화의 흐름

두서없이 내뱉는 판매자의 말은 소비자에게 올바른 가치를 전달해주지 못하는 것과 함께 신뢰를 형성하지 못하게 만드는 주요한 원인이다. 그리고 그 결과는 성취의 부진으로 이어진다. 가게를 운영하고 있는 사장이 손님이 들어오자마자 가격 이야기부터 꺼낸다면 손님은 어떻게 생각할까? 반대로 전자제품 기업의 고객센터 상담원이 민원이 아닌 주제로 계속해서 고객과 통화 중이라면 본래의 목적인 민원을 해결하는 것이 가능할까? 글쓰기에 기승전결이 있듯이 목적을 가진 대화 또한 이를 달성하기 위한 기승전결이 존재한다. 소비자가 대화에 집중하고 저항감을 적게 느끼도록 만들면서 판매로 이어질 수 있도록 만드는 대화 사이클에 대해 알아보자. 이는 온라인 시장에서 글을 이용한 상호작용에도 동일하게 적용되는 사항이다.

(1) 친근감 형성

대화 사이클의 첫 번째는 소비자와 관계를 형성하는 것이다. 상품 판매를 포함한 모든 일은 인간관계 속에서 이루어지기 때문이다. 따라서 판매자는 처음 소비자와의 어색한 관계를 빨리 무너뜨리고 대화가 이루어질 수 있는 친근하고 편한 관계를 만들어야 한다. 활기찬 인사를 건네고 친절한 자세로 대응하고 가벼운 주제로 대화를 나

눔으로써 소비자와 친밀감을 형성하는 것이다.

(2) 이미지 형성

두 번째 단계는 소비자에게 이미지를 형성하는 것이다. 처음 인식되는 판매자에 대한 이미지는 판매 과정을 포함하여 구매가 이루어진 이후에도 오랜 시간 동안 유지되는 요소에 해당한다. 따라서 판매자가 소비자에게 자신만의 이미지를 형성하지 않으면, 소비자는 기존의 경험을 바탕으로 형성된 판매자 직업에 대한 이미지로 판매자를 인식하므로 판매자로서 차별화를 이루는 것이 어려워진다. 예를 들어 당신이 정육점 사장이라고 할 때, 당신이라는 사람을 손님에게 특별하게 인식시키지 못한다면 손님은 당신을 평범한 정육점 사장 또는 직원으로 생각할 것이다. 이런 상황에서 근처의 다른 정육점이 고기를 비슷한 가격으로 판매하고 있다면, 손님이 별로 인상에 남지도 않는 당신에게 고기를 구매할 이유가 있을까? 하지만 당신이 손님과 대화하면서 음식 용도에 맞춰 깔끔하게 고기를 잘라주거나 엄청 싹싹하고 친절하게 대응하여 긍정적인 이미지를 형성하고 당신에 대한 인상을 강하게 심어준다면, 소비자는 근처를 지나갈 때, 고기를 사려고 할 때 당신을 떠올리고 한 번 더 방문하게 될 것이다. 소비자와 많은 상호작용을 하는 것, 콘셉트를 활용하여 이미지를 만드는 것은 소비자에게 강한 인상을 남길 수 있는 효율적인 방법이다.

판매자에 대한 이미지는 소비자에게 전달되는 자극이 만들어낸다. 판매자의 외적 용모, 판매자로부터의 정보, 판매자와 대화 속에서 느끼는 생각과 감정 등이다. 따라서 판매자는 소비자에게 원하는 이미지를 형성하기 위해 자신이 어떤 사람인지 적극적으로 표현해야 한다. 경력, 전문성, 가치관, 매장의 설비, 인테리어, 이벤트 등의 정보를 전달하여 소비자에게 긍정적이고 우호적인 이미지를 심어줄수록 소비자는 판매자를 특별하게 생각하고 더욱 신뢰하며 판매 과정은 더욱 효율적으로 변화한다.

(3) 니즈 파악

대화 속에서 친근감과 이미지를 형성했다면, 다음 단계는 소비자의 니즈를 파악해야 한다. 니즈는 질문을 통해 명확하게 파악할 수 있다. 어떤 부분에서 불편함이 있었는지, 어떤 상품을 찾고 있는지, 특별히 중요하게 생각하는 부분이 있는지 등의 질문으로 소비자의 니즈를 파악할 수 있으며, 소비자의 의도와 니즈를 더욱 상세히 파악할수록 판매자가 소비자를 만족시킬 수 있는 가능성은 높아지고 판매로 이어질 수 있다. 또한 질문을 통한 니즈 파악은 소비자가 스스로 본인의 니즈를 설명하는 과정에서 스스로 니즈를 선명하게 만들고 증폭시키는 효과를 발생시킨다. 니즈를 파악하는 과정에서는 이미 가지고 있는 니즈를 환기시킴으로써 증폭시키고 당신이 그 니즈를 해결해줄 수 있는 사람이라는 것을 인식시켜야 한다.

(4) 솔루션 제공

니즈를 파악한 다음 단계는 니즈를 해소시켜 주는 것이다. 판매자가 전문성을 갖추고 있다면 소비자의 니즈를 파악하여 이를 충족시키는 최적의 상품을 제안해줄 수 있다. 하지만 완전히 충족시킬 수 있는 상품이 없다면 당신은 소비자가 중요하게 생각하는 우선순위에 따라 여러 상품을 비교하여 선택할 수 있도록 도와주어야 한다. 그리고 소비자는 스스로 선택하는 자유를 중요하게 생각하므로 판매자가 직접 결정해주는 것을 바라는 상태가 아니라면 직접 비교해볼 수 있는 대안과 기준을 제공하고 이에 맞추어 선택할 수 있도록 도와주어야 한다. 소비자의 니즈를 충분히 파악하고 이를 반영한 상품이라면 소비자가 솔루션에 집중하지 않고 저항감을 느낄 이유는 전혀 없으며, 상품에 대해 설명하는 과정에서는 구매 이후 불만이 생기는 것을 방지하기 위해 소비자가 꼭 알아야 하는 사항 또는 주의해야 하는 사항을 설명해야 한다.

(5) 장점과 혜택의 강조

솔루션을 제공한 뒤에는 상품의 장점과 소비자가 받을 수 있는 혜택을 강조함으로써 마무리하는 것이 좋다. 이는 소비자의 구매 결심에 확신과 함께 더 큰 만족감을 제공하기 때문이다. 첫인상과 끝인상은 가장 오랜 시간 유지되며, 마지막 설명에 대한 인상이 좋게 남을수록 소비자는 이후에 구매 경험을 다시 떠올릴 때 더욱 합리적인 소비를 했다고 느끼고 만족한다. 그리고 구매에 대한 만족감은 상품에 대한 긍정적인 후기, 추천, 소개로 이어져 브랜드 이미지를 형성하는 중요한 요소로 작용한다.

(6) 판매

판매는 이전의 단계가 자연스럽게 이루어졌다면 자연스럽게 이어지는 가망고객이 고객이 되는 과정이다. 가치를 전달하는 과정에서 소비자가 그 가치를 충분히 인식하고 있다면, 본인의 니즈를 충족해 주는 상품을 구매하지 않을 이유는 없다. 하지만 구매 결심의 과정에서는 기회비용에 대한 불안감이 존재하므로 이 단계에서 판매자는 소비자의 불안감을 다루고 해소시켜 주는 것에 중점을 두어야 하며 이와 함께 소비자에게 신뢰를 쌓고 상품에 대한 확신을 심어주기 위해 노력해야 한다. 신뢰는 불안감에도 불구하고 구매를 결심하게 만드는 결정적인 요인이기 때문이다.

대화의 비중

판매를 목적으로 하는 대화에서는 주로 판매자가 더 말을 많이 하게 되어있다. 하지만 실력을 갖춘 판매자일수록 소비자가 더 많은 말을 할 수 있는 환경을 제공하고 더 많이 듣기 위해 노력한다. 소비자가 더 많은 말을 할수록 판매자는 경청함으로써 소비자에게 관심과 존중을 표현할 수 있고 소비자는 판매자에게 마음을 열고 더 많이 신뢰한다. 또한 소비자는 스스로 말을 하면서 자신의 니즈를 더

욱 선명하게 인식하므로 판매자는 소비자의 니즈를 더욱 상세하게
파악할 수 있으며, 상세한 니즈를 충족시키는 솔루션은 판매자를 더
욱 전문가로 인식하도록 만들어준다. 소비자가 많이 이야기할수록
소비자의 판매 결심은 빨라지고 판매 효율 또한 증가하여 더 많은
판매를 할 수 있는 조건을 형성한다.

가치가 존재하고
올바르게 전달될 때,
비로소 확장은 가능해진다.

세 번째
본질,
확장

Chapter
6

Chapter 6
세 번째 본질, 확장

주력상품

수익의 기반

주력상품은 고정적이고 안정적인 수익을 가져다주는 기반으로서 주로 판매가 이루어지는 상품, 즉 판매자가 주력으로 판매하고 있는 상품이다. 디자인, 기능, 가격 등에서 경쟁력을 갖춘 상품은 소비자에게 가치 있는 상품으로 인식되어 구매로 전환되고 판매자에게 수익을 가져다준다. 전골이 맛있는 곱창 전문점, 간장치킨으로 유명한 치킨 전문점, 밀크티가 맛있는 카페와 같이 주력상품은 판매를 확장하기 위한 기본요소로서 판매자를 대표하는 상품으로 자리 잡아 더욱 많이 판매되며, 판매자는 주력상품을 기반으로 개선, 수정해나가

226

는 과정을 통해 판매의 확장을 이어나갈 수 있다.

소비자가 가장 만족하는 상품

판매자는 주력상품을 개선함으로써 추가적인 만족을 전달하기 위해 노력해야 한다. 소비자는 이미 만족하는 상품을 구매하지만, 더 큰 만족을 전달한다면 고객은 충성고객이 되어 재구매, 소문, 소개 등 판매의 효율을 높여 확장으로 이어질 수 있는 여건을 마련하기 때문이다. 상품은 지속적인 개선과 수정을 통해 더 큰 가치를 형성하고 소비자에게 더 큰 만족을 전달할 수 있다. 예를 들어 코딩 학원을 운영한다고 할 때, 클래스를 진행하며 프로그램에 변화를 주고 수강생의 피드백을 반영하여 수업내용을 개선해나가다 보면, 수강생들에게 더욱 도움이 되고 만족할 수 있는 수업이 된다는 것은 자명할 것이다. 게임의 경우에도 지속적인 업데이트를 통해 다양한 콘텐츠를 추가하고 오류를 수정함으로써 소비자에게 더 큰 만족을 제공하고 소비자가 느끼는 불편함을 해소하며, 스마트폰 또한 계속해서 발전되는 기술을 접목시켜 더 빠르고 좋은 기능을 갖춘 모델을 출시한다. 이처럼 주력상품을 개선하는 과정은 소비자에게 더 큰 만족을 제공하여 인기를 형성하고 판매를 더욱 촉진시켜 판매자에게 더 큰 수익을 가져다준다.

판매 효율이 좋은 상품

판매자는 주력상품을 판매 효율이 좋은 상품으로 만들어야 한다. 판매 효율은 판매 과정을 단축시켜 더 많은 상품을 판매할 수 있도록 만들고 같은 상품을 팔더라도 더 많이 수익을 남길 수 있도록 돕기 때문이다. 판매 효율을 높이는 방법은 크게 판매 마진을 높이는 방법, 상품 판매에 소요되는 시간과 에너지를 줄이는 방법, 물리적인 제약을 극복하기 위해 판매 순환을 빠르게 만드는 방법으로 구분할 수 있다.

(1) 마진

상품의 마진을 높이는 노력은 가격을 유지한 채 가치를 줄여 더 큰 이득을 보는 것이 아니라 반대로 더 적은 비용을 통해 소비자에게 동일하거나 더 큰 가치를 제공해줄 수 있는 방법을 찾는 것을 의미한다. 따라서 상품의 마진은 변동비용을 결정짓는 유통과 고정비용에 영향을 받는다.

'유통'은 상품이 생산되어 소비자에게 전달되는 사이의 과정이다. 식당을 운영한다고 할 때, 더 저렴한 가격으로 식자재를 공급받을 수 있는 유통경로를 찾고, 식자재 소요량을 좀 더 정확하게 예측하여 낭비되는 비용을 줄인다면, 줄인 비용은 곧 판매자의 추가적인 수익으로 전환될 것이며, 재료를 구매하여 완제품을 직접 만드는 것이 완제품을 구매하는 것보다 시간과 노동을 고려할 때 더 적은 비용이 발생한다면 판매 상품의 마진을 높이는 주효한 방법이 될 것이다. 이처럼 판매자는 유통 과정을 효율화시켜 판매에 사용되는 변동비용을 감소시킴으로써 마진을 높이고 판매 효율을 증가시킬 수 있다.

고정비용을 감소시키는 것 또한 상품의 마진을 높이는 요소에 해당한다. 판매를 위해 필요한 상가 임대비용, 인건비 등이다. 고정비용은 효율적인 판매시스템을 구축하여 감소시킬 수 있다. 종업원의 능률을 향상시킬 수 있는 업무환경 조성을 통해 필요한 인원을 줄이거나, 보증금을 높여 임대비용을 줄이는 등의 노력이다. 그리고 상품 가격에 반영되는 고정비용은 상품의 생산 및 판매가 많아질수록 분산되어 적어지므로 판매의 확장이 이루어질수록 효율이 증가한다는 특징이 있다. 판매자는 유통 과정, 판매 과정을 효율적으로 변화시켜 고정비용 및 변동비용을 줄임으로써 마진을 높이고 더 많은 수익을 달성해야 한다.

(2) 간소화

판매자는 판매 과정을 간소화시켜야 한다. 판매의 소요되는 시간과 에너지를 줄이는 과정은 더 많은 상품을 판매할 수 있는 기반을 형성하기 때문이다. 판매 과정을 간소화시킴으로써 확보한 여분의 시간과 에너지는 판매자가 상품을 개선하고 더욱 효율적인 판매시스템을 구축할 수 있는 여력을 제공하여 판매의 선순환을 발생시킨다.

식당을 운영할 때, 메뉴가 많아 조리기구도 많이 필요하고 각 메뉴의 조리 방법 및 소요시간이 달라 주문에 대응하는 것이 어렵다면 메뉴의 숫자를 줄이거나 조리 방법에 변화를 줌으로써 조리시간을 줄이고, 미리 재료를 준비하는 것이 음식의 맛과 신선도에 영향을 미치는 것이 아니라면 한 번에 대량으로 재료를 준비해놓는 것은 음식을 준비하고 조리하는 시간과 절차를 간소화시킬 수 있는 방법이다. 쇼핑몰을 운영한다면 재고 관리, 물류 작업을 직접 하지 않고 대행업체에 맡겨 주요 업무에 집중함으로써 능률을 높이는 것 또한 추가적으로 확보한 시간과 에너지를 통해 판매의 효율을 높이는 방법이 될 수 있다.

판매를 확장하는 과정은 모두에게 동일하게 주어진 24시간을 더욱 효율적으로 활용해 성취를 만들어내는 과정이다. 당신은 판매 과정을 간소화시킴으로써 시간과 에너지를 더욱 중요한 활동에 투자하고 더 큰 성취를 달성할 수 있다.

(3) 제약 극복

판매자는 본인이 판매하는 채널의 공간적, 시간적인 물리적 제약을 극복하기 위해 노력해야 한다. 도장을 운영하는 관장이라면, 도장의 크기에 따라 수용할 수 있는 인원에 한계가 발생하고 마찬가지로 식당을 운영하고 있다면 매장 운영시간에 따라 판매할 수 있는 시간적인 한계가 발생한다. 더 많은 판매를 달성하기 위해서는 더 많은 소비자를 수용할 수 있어야 하지만 이러한 공간적, 시간적인 물리적 제약은 이를 제한하므로 이를 극복하기 위한 방법을 강구해야 한다. 물리적인 제약을 극복할 수 있는 대표적인 방법은 판매 채널을 다양화하는 것이다. 식당을 운영한다면 배달을 통해 판매하는 것, 포장할 경우 할인을 적용하여 테이크 아웃 시스템을 활성화하는 것, 온라인, 유선 등을 이용하여 운영시간 외에도 미리 예약하고 구매할 수 있는 시스템을 구축하는 것 등이다.

업셀링

업셀링은 소비자가 기존에 사려고 했던 금액보다 더 많은 금액으로 구매하도록 만드는 것이다. 판매자 입장에서 업셀링은 한 소비자가 더 많은 소비를 하도록 만들어 더 큰 수익을 달성할 수 있는 주요한 방법이다. 그렇다면 판매자는 어떻게 업셀링함으로써 더 큰 수익을 달성할 수 있을까?

업셀링을 하는 방법 첫 번째는 상품의 소비자에게 더 많은 만족감을 제공해줄 수 있는 상품을 찾아 판매하는 것이다. 더 가치 있는 상품의 가격은 더욱 높게 형성되고 판매자에게 더 큰 수익을 가져다주기 때문이다. 사람은 누구나 가치 있는 상품을 좋아하며, 이에 더 큰 비용을 지불할 용의를 가지고 있다. 그리고 가격이 높은 상품은 보통 더 큰 부가가치를 형성하므로 더 큰 수익을 발생시킨다. 자동차를 판매한다면 소비자에게 편의를 제공하는 옵션을 추가하거나 더욱 높은 클래스의 자동차가 가진 장점을 통해 가치를 제공하고 구매 결심을 이끄는 것이다.

다음으로는 소비자의 니즈를 만족하는 상품과 연관된 상품을 추가적인 구매로 연결시키는 것이다. 캠핑 매장에 의자를 사러 손님이 방문했다고 하자. 해당 손님은 캠핑에 관심이 있는 사람일 것이고 의자에 대한 니즈가 있는 사람일 것이다. 하지만 캠핑 의자만 판매하는 것이 아니라 의자와 함께 사용할 수 있는 테이블, 캠핑에 사용할 수 있는 매트, 조리도구, 난방기구 등을 함께 추천한다면, 의자만 사려고 했더라도 기존에 가지고 있던 니즈를 환기시켜 추가적인 판매로 이어질 수 있다.

업셀링을 할 때 판매자가 반드시 알아야 하는 것은 업셀링은 같은 가치를 가진 상품을 더욱 비싸게 파는 것이 아니라는 것이다. 일부 판매자는 업셀링을 소비자를 구워삶아 더 비싸게 판매하는 것이라 착각하지만, 이렇게 상품을 구매하게 된 소비자는 이후에 더 비싸게 샀다는 사실을 알게 되었을 때, 더 이상 판매자를 찾지 않으며 부정적인 이미지를 형성해 브랜딩에 악영향을 미친다.

업셀링은 소비자와 상호작용이 이루어지고 어느 정도 신뢰가 형성된 뒤에 이루어져야 한다. 신뢰가 형성되지 않은 상황에서의 업셀링에 대한 시도는 소비자에게 부담과 의심을 남기고 신뢰를 무너뜨리기 때문이다. 이러한 사항을 유의한다면 소비자의 니즈에 따라 이루어지는 업셀링은 판매 효율을 증가시키는 가장 대표적인 방법으로써 당신에게 더 큰 수익을 가져다주게 될 것이다.

브랜드

브랜드

    브랜드는 판매자 또는 상품을 차별화시키는 자신만의 이름 또는 상징이다. 브랜드는 판매자의 정체성을 담고 있어 판매자와 상품을 구별하는 용도뿐만 아니라 판매자와 상품의 성격, 특징을 드러내고 소비자의 신뢰를 이끌어내는 역할을 한다.

    소중한 사람에게 운동화를 선물하려고 한다. 당신의 머릿속에 떠오르는 브랜드는 어디인가? 아마 인지도가 넓게 형성된 좋은 이미지를 가진 브랜드를 떠올렸을 것이다. 상대방이 선물을 받았을 때 좋아하게 만들기 위해서는 상대방도 그 가치를 높게 평가할 수 있는 브랜드의 상품이어야 하기 때문이다.

    브랜드는 이미지와 가치가 형성되기 이전까지는 판매자와 상품을 구분하는 목적으로만 이용된다. 하지만 시간이 지남에 따라 판매자의 정체성과 신념은 브랜드의 성격과 특징을 형성하고 판매가 누적되는 과정에서 고객에 의해 이미지가 형성되고 평가가 이루어지며 브랜드 가치가 형성된다. 그리고 이렇게 형성된 브랜드 가치는 상품의 가치에 포함되어 소비자에게 더 큰 만족과 신뢰를 제공한다.

    소비자가 판매자와 상품에 대해 알고 있다는 것은 브랜딩이 되었다는 것을 의미한다. 이미 판매자와 상품을 경험했거나 광고나 다른 사람으로부터의 소문 등을 통해 브랜드 이미지가 형성된 것이다. 레스토랑에 방문할 때 맛과 서비스에 만족할 수 있을지 여부는 알 수 없지만, 이전에 방문했던 경험이 있거나, 추천을 받았거나, 프랜차이즈점이라면 만족할 수 있다는 기대와 믿음을 가지고 매장에 방문하는 것처럼 브랜드는 소비자에게 만족과 신뢰를 전달하고 구매로 전환시킨다. 브랜드를 구축하는 것은 판매를 확장하고 더 큰 성취를 달성하기 위해 반드시 이루어져야 하는 작업이다.

아이덴티티

세일즈를 한다면 판매의 과정에는 신념이 담겨있어야 한다. 브랜드는 신념을 통해 만들어져 정체성을 형성하고 소비자에게 브랜드만의 차별점을 가져다주기 때문이다. 유기농 식품, 당일 배송, 전국 어디서든 똑같은 서비스, 환경을 생각하는 친환경 소재, 신선함, 최저가, 세련되고 정돈된 이미지, 캐주얼하고 힙한 감성 등과 같이 판매자의 신념은 브랜드의 정체성을 형성하고 소비자에게 가치를 전달한다.

판매자의 신념은 마케팅, 상품, 판매 과정, 고객서비스 등 모든 과정에 영향을 미친다. 따라서 당신은 판매를 통해 소비자에게 전달하고 싶은 자신만의 가치가 무엇인지 생각해야 한다. 그 가치가 뚜렷해질수록 브랜드는 더욱 차별화되며, 브랜드 본연의 가치를 만들어내더 큰 신뢰와 만족, 판매의 확장으로 이어지는 연결고리를 형성한다.

브랜드 이미지

브랜드는 그 정체성에 따라 소비자에게 이미지를 전달한다. 그리고 브랜드 이미지는 특히 상품의 차별화가 어려운 제품 분야에서 차별화를 구축할 수 있는 유용한 방법이다. 브랜드의 차별화는 상품의 비교우위를 형성하여 소비자에게 긍정적이고 우호적인 브랜드 이미지를 구축한다.

브랜드 이미지를 형성할 때에는 상품이 가지고 있는 자체적인 특성을 고려해야 한다. 전자제품이라면 그 기능과 내구성, 의류제품이라면 소재와 디자인, 교육 서비스라면 전문성 등 상품에 적합한 브랜드 이미지를 형성해야 하는 것이다. 명품을 판매하는 브랜드에 저렴한 이미지가 어울리지 않는 것과 같이 판매자의 상품에 맞는 적합한 이미지를 구축해야만 이미지를 활용함으로써 판매의 효율을 증가시키고 확장을 실현시킬 수 있다.

브랜드 이미지를 형성하고 관리하는 것의 핵심은 소비자를 이해하는 것이다. 브랜드 이미지는 판매자의 의도에 영향을 받은 소비자의 인식과 이해에 따라 만들어지는 것이기 때문이다. 판매자가 전달하고자 하는 가치는 소비자에게 올바로 전달되었을 때 의미를 지닌다. 따라서 브랜드 이미지 형성을 위해서는 타깃으로 하는 소비자에 대한 이해와 분석이 먼저 이루어지고 이를 고려한 가치 전달을 통해 이미지를 만들어나가야 한다.

브랜드 평판

평판은 상품을 판매하는 과정에서 자연스럽게 발생하는 결과로서 판매자와 상품에 대한 소비자의 평가를 의미한다. 판매자가 직관적으로 알 수 있는 평가는 만족하면 상품을 구매한다는 것, 불만족스럽다면 상품을 구매하지 않는다는 것이지만, 구매 여부를 떠나 소비자의 평가는 다양할 수 있다. 구매가 이루어지더라도 마음에 들지 않는 부분은 있을 수 있고 반대로 구매가 이루어지지 않았더라도 특정 부분에 대해서는 만족할 수 있기 때문이다. 또한 판매 이후에 이루어지는 고객관리 속에서 브랜드에 대한 소비자의 평가는 얼마든지 달라질 수 있다. 따라서 판매자는 상품을 판매하는 과정에서부터 판매 이후에도 소비자의 평판을 관리하여 긍정적인 평가를 얻고 유지하기 위해 노력해야 한다.

소비자의 평판은 브랜딩에 영향을 미치는 핵심 요인이다. 평판은 판매 이후에도 후기, 소문, 소개, 재구매 등으로 이어져 다른 소비자의 평가, 신뢰와 함께 이미지를 형성하는 브랜딩의 핵심 역할을 담당하기 때문이다. 특히 평판은 소비자의 직접적인 경험을 바탕으로 이루어져 상업적이지 않다는 특징이 있어 다른 사람에게 더 큰 신뢰를 형성하는 요인으로 작용한다. 소비자의 평판을 이용한 브랜딩은 적은 비용으로 큰 효과를 달성할 수 있는 효율적인 자산이므로 판매자는 소비자의 평판을 브랜드 구축에 적극적으로 활용해야 한다.

브랜드 가치

브랜드에 대한 이미지와 평판은 그 자체로 가치를 형성하며, 소비자가 브랜드에 대해 얼마나 긍정적이고 우호적으로 인식하고 있느냐에 따라 그 크기가 결정된다. 그리고 브랜드 가치는 상품의 가치에 포함되어 소비자의 만족과 신뢰를 이끌고 소비자의 구매에 영향을 미친다.

브랜드 가치가 형성된 상품을 구매한 소비자는 실제 상품의 내용이 기대에 미치지 못하더라도 만족한다. 해당 브랜드에서 구매한다는 사실 자체가 소비자에게 만족을 주기 때문이다. 브랜드 가치는 상품을 더욱 멋지고 좋은 상품으로 인식시켜 소비자를 이끄는 힘이 있으며, 브랜드 가치가 높아짐에 따라 판매는 폭발적인 탄력을 받는다.

브랜드 가치는 판매자의 신념이 만들어내는 정체성, 소비자에게 구축된 이미지와 평판이 종합적으로 작용하며, 판매가 누적되는 상황 속에서 형성된다. 즉, '가치의 충족'과 '가치의 전달'이라는 첫 번째, 두 번째 본질이 충족될 때 브랜드 가치가 형성되며, 이렇게 만들어진 브랜드 가치는 '판매의 확장'이라는 세 번째 본질로 연결된다.

브랜드 가치는 판매의 효율을 증가시킨다. 하지만 아직 브랜딩이 충분히 이루어지지 않아 브랜드 가치가 형성되지 않은 상태라면 판매자는 어떻게 해야 할까? 이미 형성되어 있는 브랜드 가치를 이용해야 한다. 판매자가 속해 있는 회사, 조직, 상품의 생산자 등 인지도 우위를 갖추고 있는 대상을 소비자에게 활용하는 것이다. 브랜딩이 아직 부족한 상태지만, 판매하는 상품의 생산자가 유명하다면 생산자를 강조하고, 판매자가 속한 회사가 사람들에게 알려져 있다면, 회사를 강조함으로써 소비자에게 브랜드 가치를 전달하고 만족시키는 것이다.

고객

소비의 주체

고객은 상품을 소비하는 주체에 해당한다. 고객은 니즈를 가지고 이를 충족시켜 주는 상품에 만족감을 느끼며 신뢰할 수 있는 판매자에게 상품을 구매한다. 그래서 판매자는 고객의 니즈를 자극하고 심리와 감정을 다루어 마음을 얻기 위해 노력한다.

고객은 판매자의 자산이다. 고객은 상품을 구매하는 주체일 뿐만 아니라 상품에 대한 경험을 바탕으로 재구매로 이어질 가능성이 있는 가망고객이자 소문, 후기, 추천 등을 통해 또 다른 가망고객을 유입시키고 브랜드 이미지, 브랜드 가치 형성에 영향을 주는 잠재적인 조력자이자 판매의 과정을 효율적으로 만들어주는 자산인 것이다. 하지만 판매자들 중에서는 소비자를 단순한 소비의 주체로만 인식하여 관리의 중요성을 인식하지 못하고 자산으로 활용하지 못하는 경우가 많다.

판매자는 고객의 니즈를 파악하고 성향과 특징을 분석하고 관리하며, 고객을 자산으로써 효율적으로 활용할 줄 알아야 한다. 판매가 많아지고 고객이 많아질수록 고객이 미치는 힘과 영향력은 폭발적으로 증가하기 때문이다.

고객관리

고객관리는 상품을 판매하는 과정에서 고객의 심리와 감정을 관리하는 것부터 시작하여 판매가 이루어진 후 고객을 관리하는 모든 것을 포함한다. 세일즈의 세 번째 본질에서는 고객이라는 자산을 어떻게 관리하느냐가 판매의 확장을 달성하는 결정적인 요인으로 작용한다. 그리고 고객관리는 상품의 가치에 포함되는 서비스의 일종으로서 판매 전 고객의 선택에 영향을 미치고 판매 이후에도 신뢰를 유지하며 고객을 팔로워십을 가진 충성고객으로 전환시키는 중요한 역할을 한다.

판매자가 고객관리를 하면서 집중해야 하는 점은 고객과의 관계를 상품을 구매하고 관계가 종료되는 일회성이 아닌 이후에도 관계를 이어나갈 수 있는 연속성의 관계로 만드는 것이다. 대부분의 상품은 한 번만 구매가 이루어지지 않는 연속성 상품이고 일회성 상품 또한 정보 접근성이 낮은 상품이라면 추천 또는 소개에 의해 구매가 이루어지는 경우가 많아 고객과 지속적인 관계를 유지하는 것은 판매의 확장으로 이어질 수 있는 주요한 방법이기 때문이다. 그리고 고객은 시간의 흐름에 따라 누적되어 판매에 더욱더 큰 영향을 미치므로 고객관리를 통해 고객을 자산으로 활용할 수 있다면 고객의 수는 곧 당신의 성취로 직결되는 요소로 작용한다. 유망한 업체들이 수익이 나지 않더라도 고객을 확보하기 위한 경쟁을 마다하지 않는 것은 더 많은 고객이 결국 성취로 직결된다는 것을 알고 있기 때문이다. 이러한 고객관리는 판매 전 고객관리와 판매 후 고객관리로 구분할 수 있다.

(1) 판매 전 고객관리

판매 전 고객관리는 판매 과정에서 이루어지는 서비스로서 상품의 가치에 포함된다. 매장 또는 사무실을 착오 없이 방문할 수 있도록 정보를 제공하는 것, 판매 절차 및 필요한 자료를 사전에 안내하는 것, 주차시설을 확보하고 무료 주차시간을 적용해주는 것, 고객에게 친절하게 대응하는 것, 시각 자료를 통해 고객의 이해를 돕는 것, 대기 중인 고객에게 음료를 제공하는 것 등이다. 판매 전 고객관리는 판매자와 상품의 가치에 집중할 수 있는 환경을 제공하고 외적인 부분에서 발생할 수 있는 번거로움 또는 어려움으로 인한 심리적 및 감정적인 저항감, 불만 등을 최소화하며 편리함과 편안함을 제공하여 긍정적인 이미지와 함께 만족감을 제공하는 것에 그 목적이 있다.

(2) 판매 후 고객관리

판매 후 고객관리는 판매 이후 고객과 지속적인 관계를 유지하면서 기존에 형성된 긍정적인 이미지와 신뢰를 유지하고 고객의 재구매, 소개, 후기, 추천으로 이어질 수 있는 충성고객으로 만드는 것을 목적으로 한다. 구매 이후에 발생하는 문제점을 해결해주는 것, 고객의 불만에 적극적으로 대응하여 해소해주는 것, 전화, 문자 등의 방식으로 안부를 묻는 것, 상품에 대한 업데이트 정보를 고객에게 꾸준히 제공하는 것, 행사와 이벤트 등을 통해 혜택을 부여하는 것 등이다. 고객은 구매 이후에도 자신의 문제를 해결해주고 꾸준하게 연락을 취하는 판매자를 더욱 긍정적으로 인식하며, 꾸준히 자신을 챙기고 신경 써주는 모습에 고마움을 느낀다. 판매 후 고객관리는 상품을 구매한 고객을 판매의 확장에 도움을 주는 조력자로 전환시킨다.

고객의 상태

판매 과정에서는 고객의 상태를 파악하고 이에 따른 적절한 대응과 조치가 이루어져야 한다. 관심이 없는 고객에게는 관심과 흥미를 유발해야 하고, 불만이 있는 고객에게는 문제를 해소시켜 주어야 하며, 만족한 고객은 판매로 이어나가야 하는 것이다. 이처럼 고객의 상태에 따른 적절한 대응과 조치가 이루어질 때 고객은 만족하고 판매자와 상품을 신뢰한다. 판매 과정에 따른 고객의 상태는 다음과 같이 분류할 수 있다.

(1) 무관심 : 잠재고객

무관심의 단계는 고객이 스스로 니즈가 없다고 생각하거나, 니즈는 있지만 판매자와 상품에 대한 인식이 충분하지 않은 상태를 의미한다. 이 단계에서는 인상에 남을 수 있는 방법을 통해 표현하고 드러냄으로써 판매자와 상품에 대한 정보가 고객에게 전달되어야 한다. 또한 니즈가 없다고 생각하는 고객에게는 질문을 통해 니즈를 발굴하고 이를 확장시켜 관심의 단계로 이어나가야 한다.

(2) 관심 : 가망고객

관심의 단계는 니즈를 느끼는 고객이 판매자와 상품에 관심을 가지고 있는 단계에 해당한다. 판매자는 고객에게 표현하고 드러냄으로써 이미지를 형성하고 포지셔닝을 통해 고객과의 관계를 정립해야 하며, 니즈를 파악하고 증폭시켜 이를 충족시킬 수 있는 상품에 대한 설명으로 이어나가야 한다. 관심의 단계에서 더욱 강하고 긍정적인 인상을 남길수록 고객의 듣는 자세와 적극적인 태도가 형성되어 판매의 과정은 효율적으로 변화한다.

(3) 의심 : 가망고객

의심의 단계는 상품에 대한 관심과 니즈가 있지만, 판매자와 상품에 대한 확신이 없어 결정을 내리지 못하고 있는 상태에 해당한다. 이 단계에서는 판매자의 이력, 상품 내용의 확인을 통해 고객에게 전문성과 안전성을 전달하여 신뢰를 형성하고 불안함을 해소시켜 줄 수 있어야 한다. 고객의 의심을 본질적으로 해소시켜 줄 수 있는 것은 전문성, 인성과 성품, 책임감, 성실함과 같은 판매자의 가치와 디자인, 가격, 기능, 분위기와 같은 상품의 가치이며, 고객의 심리와 감정을 고려하여 가치를 온전히 전달함으로써 의심을 해소하고 신뢰의 단계로 나아갈 수 있다.

(4) 신뢰 : 고객

신뢰의 단계는 판매자와 상품에 대한 만족과 신뢰를 통해 구매로 이어지는 단계에 해당한다. 고객의 니즈를 기대 이상으로 충족시켜 만족시키고 또는 지속적으로 고객을 관리함으로써 신뢰를 유지하여 팔로워십의 단계로 이어질 수 있는 상태다. 판매 과정에서 만들어진 신뢰는 이후에 긍정적인 인상을 남기지만 시간이 흐름에 따라 인상은 흐려지고 잊혀진다는 특징이 있다. 따라서 꾸준한 고객관리를 통해 판매자와 상품에 대한 긍정적인 인상을 유지시킴으로써 브랜드에 대한 이미지와 가치를 형성하고 팔로워십을 갖춘 충성고객으로 전환시키기 위해 노력해야 한다.

(5) 팔로워십 : 충성고객

팔로워십의 단계는 고객이 판매자와 상품에 대한 만족과 신뢰를 바탕으로 판매자의 방향성과 조치에 적극적으로 반응하고 협조하는 단계에 해당한다. 팔로워십이 형성된 고객은 충성고객으로서 상품의 추가구매, 소개, 추천 등으로 이어져 안정적인 수익과 추가적인 판매로 이어지는 기반을 형성하며, 브랜드 가치를 형성하는 과정을 자발적으로 도와줌으로써 판매를 효율적으로 만들어주는 자산이다. 따라서 판매자는 이벤트, 행사 등을 통해 팔로워십 단계 고객의 적극적인 참여를 유도하고 혜택을 제공함으로써 충성고객으로 남아있을 수 있도록 독려해야 한다.

클레임

클레임은 고객이 판매자와 상품에 대한 불만을 제기하는 것으로 많은 판매자들에게 스트레스를 주는 가장 큰 요소 중 하나에 해당한다. 판매자에 대한 불만, 상품의 문제점, 판매 과정에서의 불편함 등은 고객의 표현을 통해 판매자에게 전달되고 부정적인 감정을 동반하기에 클레임을 해결하기 위해서는 문제에 대한 조치가 이루어져야 하며, 고객의 감정적인 부분까지 대응하여 불만을 만족으로 전환시켜야 하는 어려움이 있기 때문이다. 일부 판매자들은 고객의 클레임을 자신에 대한 공격으로 받아들이거나, 고객의 감정적인 부분까지 해결해야 하는 상황을 귀찮게 느껴 이를 감정적으로 대응하거나 무시하기도 하지만 클레임은 판매자와 상품의 문제점, 고객의 감정에 있어서 반드시 해결되어야 하는 대상이다.

고객의 클레임이 해결되어야 하는 이유는 먼저 고객의 불만은 실제 판매자의 행동, 판매 과정, 상품 기능 측면에서 실제로 개선해야 하는 문제인 경우가 많기 때문이다. 대부분의 고객은 선의의 고객으로서 본인의 기대를 충족시키지 못하는 부분에 대한 문제해결 및 개선을 위해 클레임을 제기한다. 그리고 판매자는 이를 해결함으로써 이후에 같은 문제로 발생할 수 있는 불만을 방지하고 고객에게 판매자의 책임감과 개선에 대한 의지와 노력을 전달할 수 있다. 또한 고객의 클레임으로 소비자의 감정을 다루는 과정에서 소비자를 더 깊이 이해하게 된 부분을 판매에 적용한다면, 판매자와 상품의 가치를 높이고, 가치를 전달하는 과정을 더욱 효율적으로 만들 수 있다.

예를 들어 구매한 상품이 배송되는 과정에서 잘못된 포장으로 인해 파손되었다고 한 고객이 불만을 제기했다면, 판매자는 포장 과정에서 잘못된 부분을 찾고 이를 개선함으로써 앞으로 배송될 상품의 파손을 방지할 수 있고 고객에게 적절한 보상을 해줌으로써 책임감을 가지고 고객을 위해 신경 쓰고 있다는 인상을 전달하여 마음의 불만을 만족으로 전환시킬 수 있는 것이다.

판매자와 상품의 가치를 높이고, 가치를 전달하는 과정은 판매자의 의지와 함께 끊임없는 자기 객관화와 의식적인 개선 및 발전 노력이 필요한 작업이다. 하지만 클레임은 판매자가 찾아야 하는 문제점을 고객이 대신 제기해줌으로써 판매자의 노력을 감소시키고 더욱 빠르게 성장할 수 있는 계기를 마련해준다. 고객의 클레임은 판매자를 힘들게 만드는 것이 아닌 판매자와 상품의 가치를 높이고 성장시키는 요소인 것이다. 클레임은 판매를 확장시켜 폭발적인 수익을 달성하기 위해 판매자가 반드시 다루어야 하는, 성장에 도움이 되는 요소에 해당한다. 따라서 판매자는 고객의 클레임에 대응하여 문제점을 해결하고 고객의 불만을 해소시킴으로써 불만을 만족과 신뢰로 전환될 수 있는 계기로 만들어야 한다.

블랙 컨슈머

블랙 컨슈머는 악성 민원을 고의적이고 상습적으로 제기하는 고객이다. 이들은 부당한 이득을 취하는 것을 목적으로 하거나 자신의 개인적인 감정을 판매자와 소비자의 관계를 이용하여 해소하는 것을 목적으로 한다. 일반적인 고객의 클레임은 판매자를 도와주는 요소에 해당하지만, 악의를 가진 부당한 민원은 판매에 전혀 도움이 되지 않으며, 이에 제대로 대응하지 못하는 경우 판매자를 정신적으로 더욱 힘들게 하고 불필요한 에너지를 소모하도록 만들어 판매의 효율을 감소시키는 요인으로 작용한다. 그렇다면 블랙 컨슈머에게 휘둘리지 않기 위해서는 어떻게 해야 할까?

먼저 판매자는 올바른 판매를 추구해야 한다. 판매하는 과정에서 거리낌이 없어야 블랙 컨슈머의 부당한 요구와 시비에 단호하게 대응할 수 있기 때문이다. 판매자가 부당한 상품을 판매하거나 상품을 부당한 방법으로 판매한다면 블랙 컨슈머가 이를 물고 늘어지는 상황에 제대로 대응할 수 없는 것이 당연할 것이다.

다음으로는 판매자가 자신과 상품, 판매 과정에 대해 정확하게 인지하고 있어야 한다. 고객의 민원이 실제로 개선이 필요한 문제점인지, 억지와 부당함이 반영된 악성 민원인지 여부를 판단하는 것은 판매자가 현재 자신의 상황을 얼마나 객관적이고 명확하게 파악하고 있느냐에 달려있기 때문이다. 판매자가 자신의 상황을 모른다면 악성 민원도 반드시 해결해야 하는 문제점으로 받아들여 블랙 컨슈머에게 휘둘리는 상황을 발생시킨다. 따라서 판매자는 자신의 상황을 정확하게 인지하고 고객과 클레임을 올바르게 분별할 수 있는 분별력을 갖출 수 있어야 한다.

블랙 컨슈머에게 대응하는 방법은 언제나 당당하고 자신감 있게 행동하는 것이다. 그들은 판매자가 당황하고, 어쩔 줄 몰라 하고, 주눅 들어 하는 모습을 즐기며 더욱 무리한 요구로 당신을 힘들게 한다. 하지만 당당하고 단호하게 대응하면 그들은 판매자에게 함부로 하지 못하며 때로는 빠르게 체념한다. 따라서 판매자는 스스로가 고객과 거래하는 대상이자 올바른 선택을 위해 도움을 주는 역할이지 '갑'과 '을'의 관계가 아니라는 것을 명심하고 스스로 '을'의 입장을 자처하는 상황을 만들지 않아야 한다. 판매자의 자신감과 당당함은 소비자에게 감사와 존경을 이끄는 요소로 작용하여 판매자에 대한 매력과 신뢰를 형성하고 구매를 발생시킨다.

변화

변화가 없으면 성취를 이어나갈 수 없다. 경쟁자들은 경쟁우위를 확보하기 위해 계속해서 본인과 상품의 가치를 발전시키고 있고, 시간의 흐름에 따라 문화적, 기술적으로 계속해서 사회가 발전하면서 기존 상품이 가지고 있는 가치는 퇴색되기 때문이다. 따라서 판매자는 시대의 흐름에 맞추어 끊임없이 변화함으로써 판매를 유지하고 확장시키기 위해 노력해야 한다.

변화의 종류는 판매자가 스스로 변화하는 것과 시대의 변화에 대응하는 것으로 구분된다. 스스로의 변화는 개선점을 찾고 가치를 높이기 위한 노력의 과정에서 자연스럽게 이루어지는 작업이며, 시대의 변화에 대한 대응은 주로 기술 및 문화의 변화에 맞추어 상품을 적응시키는 작업이다. 스스로의 변화는 판매자 본인, 상품, 판매 과정에서 부분적으로 조정하고 개선하며 발전시켜나가는 쪽으로 변화가 이루어지지만, 시대의 변화는 때로 같은 주제, 분야만 유지한 채로 상품의 형태가 완전히 바뀌는 결과를 요구하기도 한다. 오프라인 위주의 강의가 온라인을 이용한 화상 강의로 대체되고, 배달만 전문으로 하는 매장이 생겨나고, 유선 이어폰이 지금은 찾아보기 어렵게 된 것 또한 이와 같은 맥락이다.

가치는 지속적인 변화가 이루어져야만 그 가치를 유지하고 발전시킬 수 있다. 그리고 변화에 대응하는 것에 있어 가장 중요한 것은 판매의 주체인 판매자다. 발전에 대한 의지와 사고, 새로운 자극에 대한 수용, 직관과 통찰, 성실함과 책임감, 인성과 성품, 끈기, 실행과 같은 가치는 판매자가 계속해서 변화하고 적응하도록 만들어 판매자와 상품의 가치를 계속하여 발전시키고 더 큰 성취를 달성할 수 있도록 돕는다.

트렌드

트렌드는 어떤 현상의 전반적인 동향과 방향성이다. 즉, 변화를 이끄는 사회적 흐름을 의미한다. 판매자가 사회의 흐름을 얼마나 정확하게 이해하고 이를 상품에 적용하여 변화시킬 수 있는지는 앞으로의 성취를 달성하고 판매를 더 큰 확장으로 연결시킬 수 있는 핵심 역량으로 작용한다. 판매자가 트렌드를 먼저 감지하고 선제적으로 대응한다면, 변화에 대응하는 사람이 아니라 변화를 이끄는 선두주자가 될 수 있기 때문이다. 트렌드가 반영된 변화는 가치의 경쟁력과 함께 판매자에게 선점 효과를 가져다주며, 선점은 판매의 확장과 폭발적인 성취로 전환된다.

선점을 하는 사람은 새로운 방향으로 먼저 나아가는 사람으로서 다양한 리스크와 함께 시행착오를 겪기 마련이다. 하지만 먼저 입지를 굳히게 되었을 때에는 리스크에 대한 일반적인 보상보다 훨씬 더 큰 보상을 얻을 수 있다. 고객을 독점하고, 인지도를 통해 브랜드 가치를 형성하고, 진입장벽을 높임으로써 판매에 유리한 환경을 견고하게 만들 수 있기 때문이다. 현재 우리에게 영향력을 행사하는 각종 분야의 사람들을 보면, 해당 분야를 먼저 개척한 사람이 상당히 많다. 판매자는 변화에 대응하기보다 변화를 선도하는 사람이 되어야 한다.

트렌드를 찾는 방법은 자신의 분야를 포함한 다양한 분야에 관심을 가지고 다양한 상호작용을 하는 것이다. 경제, 문화, 사회, 예술 등 다양한 방면의 정보와 이슈들은 대화, 기사, 게시물, 광고, 강연, 책 등의 매개체를 통해 전달되며, 판매자는 이를 이해하고 종합적으로 분석함으로써 현재 동향과 앞으로 이어질 흐름을 예측할 수 있다. 그리고 이 과정에는 직관과 통찰의 역량이 요구된다.

변화의 종류

시대의 흐름은 우리에게 다양한 변화를 요구한다. 변화는 천천히 점진적으로 때로는 급격하게 이루어지기도 하고 일시적으로 때로는 지속적으로 적용되기도 한다. 시대는 지금도 계속해서 변화를 맞이하고 있으며 판매자는 이러한 변화에 대응해야만 성취를 이어나갈 수 있다.

(1) 유행

유행은 특정한 생활 양식이 사람들에게 널리 퍼지는 현상이다.

유행은 미디어, 영상 및 자료 콘텐츠 등을 통해 주로 전파되어 사람들의 동조를 일으킨다. 유행은 일시적으로 끝나기도 하지만, 때로는 일반적인 문화로 정착하기도 하고, 시간이 흘러 다시 순환하기도 한다. 유행과 관련된 상품은 높은 부가가치가 발생하지만, 유행이 얼마나 이어질지 모르기 때문에 불확실성이 크다는 특징을 가지고 있다.

(2) 규제

규제는 규정을 통해 특정한 조치와 행동을 제한하는 것을 의미한다. 부동산 규제, 대출 규제, 소비자보호법, 정보통신망법, 수출입 규제, 거리 두기 등과 같은 규제는 각 분야의 수요와 공급에 일시적, 장기적으로 변화를 일으키는 요소로 작용한다. 규제는 새로운 분야, 세부적인 내용으로 계속해서 생겨나고 강제성이 부여되므로 변화에 필수적으로 대응해야 한다는 특징을 가지고 있으며, 반대로 규제가 완화되는 경우 판매를 효율적으로 만드는 요소로 작용하기도 한다.

(3) 기술

기술의 발전은 우리 삶의 형태를 변화시키는 주요 요인이다. 기술 발전은 업무처리를 빠르고 편하게 만들어주고 다양한 방식으로 인간관계를 구축할 수 있도록 도우며, 판매자는 이를 세일즈에 접목시킴으로써 가치를 전달하고, 확장으로 이어나가는 과정을 더욱 효율적인 방식으로 변화시킬 수 있다. 온라인, 모바일, 플랫폼, 빅데이터, 인공지능, 가상현실, 소형화 등 계속해서 이어지는 기술의 발전은 우리의 삶 속에 자리 잡아 다양한 분야에 영향을 미치고 변화를 불러일으킨다.

(4) 문화

문화의 변화는 주로 사람들의 인식 변화와 관련된 것으로 시간에 따라 점진적으로 변화하며, 지속적으로 영향을 미치는 요소에 해당한다. 문화는 개인의 성향과 니즈를 형성하는 주요 원인으로써 삶 속의 인간관계, 성격, 가정, 직장, 교육, 건강, 재테크, 성별 등 경제, 사회, 예술의 다양한 분야와 접목되어 사람의 행동 양식에 변화를 이끈다.

시스템

시스템

시스템은 필요한 기능을 발휘할 수 있도록 관련 요소들을 체계적으로 규합하는 것을 의미한다. 세일즈를 하고 있다면 판매를 위한 관련 요소들을 단계에 맞추어 체계적으로 조직화하고 일을 수행하는 방식을 설정하는 것이다. 시스템은 특정한 목적을 일관된 방식으로 수행함으로써 더욱 효율적인 성취를 달성할 수 있도록 돕는 역할을 한다. 학원 강사가 학생들을 가르치는 과정에서 교육 목표나 순차적인 교육 단계에 대한 설명, 강의 진행 방식에 대한 일관성 없이 마구잡이식으로 수업을 진행한다면, 아무리 열정적으로 수업하더라도 학습의 효과가 떨어지게 될 것은 당연하다. 하지만 교육 목표를 설정하고, 순차적으로 다음 단원으로 이어나가기 위한 이전 단계의 학습을 준비하고, 학생들의 관심과 집중을 유지할 수 있는 강의 방식을 정립하여 이를 다른 내용의 수업에도 일관되게 적용할 수 있는 체계를 만들어낸다면, 학생들이 느끼는 수업의 효과는 더욱 커질 것이며, 교육에 대한 강사의 노력 또한 줄어들게 될 것이다. 고객을 관리한다면 효율적으로 관리하기 위해 고객을 분류하고 터치할 수 있는 채널을 형성하는 것, 택배를 보낸다면 시간을 절약하고 빠르게 물류를 배송하기 위한 단계별 활동을 정립하는 것, 책을 쓴다면 책의 가치를 소비자에게 잘 전달할 수 있도록 글의 순서인 목차를 설정하고 방향성에 따라 글의 내용을 풀어나가는 것, 시간을 효율적으로 활용하기 위해 스케줄을 구성하고 루틴화 시켜 신체를 적응시키는 것은 모두 목적을 효율적으로 달성하기 위한 시스템에 해당한다.

시스템은 판매자의 성취를 결정하는 핵심이며, 판매가 확장되어 규모가 커질수록 더욱 막대한 영향력을 행사한다. 시스템은 판매자가 신경 쓰지 못하는 부분까지도 확인하고 업무를 처리하는 체계를 형성하기 때문이다. 고객이 많아질수록, 판매량이 더욱 많아질수록 체계적인 업무시스템을 구축하는 것은 판매자에게 요구되는 에너지와 시간을 감소시키고 자체적으로 운영될 수 있는 환경과 기반을 형성한다.

효율성

시스템은 판매의 과정을 더욱 효율적으로 구축하는 것을 목적으로 한다. '효율성'은 판매를 확장시키고 더 큰 성취를 달성하는 핵심 요인이기 때문이다. 판매 효율이 좋다는 것은 판매에 에너지가 적게 소요되고 소비자의 구매 결심이 빨라진다는 것이며, 추가 판매, 상품 개선, 브랜딩, 고객관리 등 판매자가 추가적인 부가가치를 창출할 수 있는 환경과 기반을 만들어준다는 것을 의미한다. 앞에서 다루었던 상품과 판매자의 가치, 마케팅, 이미지, 심리, 감정적 요소, 화법, 브랜드, 고객관리 등은 모두 판매를 효율적으로 달성하기 위한 요소에 해당하며, 판매의 확장으로 이어질수록 더 많이 판매하기 위한 전제 조건이 된다.

그렇다면 시스템을 구축하여 효율성을 달성하기 위한 방법은 무엇일까? 첫 번째는 판매의 과정에서 이루어지는 업무를 하나씩 분류하는 것이다. 시스템은 업무를 체계화시키는 것이며, 체계를 구성하기 위해서는 단위가 필요하다. 시스템을 기계로 표현한다면, 업무 단위는 하나의 톱니바퀴인 셈이다. 업무를 성격과 목적에 따라 분류하고 이를 세부적으로 분류할수록 더욱 체계적인 시스템 구축이 가능해진다.

두 번째는 각 업무를 우선순위에 따라 처리될 수 있도록 단계별로 조정하는 것이다. 톱니바퀴의 순서가 어긋나면 기계가 제대로 작동하지 않듯이, 업무가 적절한 순서로 이루어지지 않을 경우 효율성은 감소한다. 매장을 운영한다면 매장 청소는 한창 사람이 많은 시간보다는 개점 이전 또는 마감 이후에 하는 것이 나을 것이며, 학생들에게 숙제를 내준다면 수업 도중에 하나씩 내주는 것보다는 수업이 끝날 때 한 번에 정리해서 내주는 것이 더욱 효율적일 것이다. 또한 카페에서 손님이 주문을 한다면, 다른 활동을 하는 중이더라도 먼저 주문을 받고 계산하는 것이 우선일 것이다. 업무의 순서를 정립하는 것은 중요도에 따라 업무가 수행될 수 있도록 함으로써 업무의 능률을 높여주는 기능을 한다.

세 번째는 각 업무에 발생하는 시간과 에너지를 줄이는 것이다. 업무 방식에 변화를 줌으로써 절차를 간소화하고, 기술을 적용하고, 레버리지를 통해 판매자는 시간과 에너지를 확보할 수 있다. 첫 번째 단계에서 업무를 분류하는 것이 중요한 이유는 같은 목적과 성격에 따라 세부적으로 분류될수록 각 업무에 소요되는 시간과 에너지를 줄이는 작업이 단순화되고 쉬워지기 때문이다. 그리고 이 과정에서는 다른 사람의 기술과 지식, 에너지를 빌려오는데 비용이 투자되기도 한다. 시스템은 목적을 달성하기 위해 업무를 체계적이고 효율적으로 만들어나가는 과정이다. 판매자가 어떤 시스템을 만드느냐에 따라 상품의 생산, 유통, 판매, 고객관리, 브랜드 등은 차이가 발생하며 그 결과는 판매의 확장과 성취의 결과로 나타난다.

투자

투자는 이익을 얻을 목적으로 돈, 시간, 정성을 지불하는 것이다. 더 많은 투자가 이루어질수록 얻을 수 있는 이익은 더욱 커지며, 적은 투자가 이루어질수록 이익이 적어진다는 것은 모두가 아는 사실이다.

더 많은 투자가 이루어질 때 더 많은 수익을 얻을 수 있다면, 판매자가 더 많은 수익을 내기 위해서는 더 많은 비용을 지불하고 더 오랜 시간을 일하며, 본인의 일에 더 많은 정성과 노력을 쏟아야 한다. 혹시 당신이 더 많은 수익을 내고 있지 못하는 상황이라면 일에 대한 돈, 시간, 정성의 투입이 부족한 것일 수 있으므로 더 많은 투자를 통해 수익을 달성하기 위한 노력을 해야 한다.

마찬가지로 시스템을 구축하는 과정에도 투자가 필요하다. 규모를 키우는 과정에서 사무실의 크기를 넓히고 직원을 뽑고 브랜딩을 하는 것은 비용이 발생하며, 업무 구조를 정립하고 사람을 관리하며 안정화하기 위해서는 상당한 시간과 정성이 요구되기 때문이다. 하지만 시스템이 잘 구축되어 판매의 확장으로 이어진다면 판매자는 더 큰 수익을 달성하면서 더 많은 시간을 확보할 수 있다. 바로 시스템이 가지고 있는 자동화 기능 때문이다. 자동화 기능은 더 큰 수익과 함께 시스템을 구축하기 위해 투자가 이루어지는 주요 목적 중 하나에 해당한다.

시스템의 자동화는 판매자의 노력이 상대적으로 적게 투입되더라도 자체적으로 상품 판매가 이루어질 수 있는 환경을 제공한다. 체계적으로 업무를 분류하고 배분함으로써 판매자는 직접 시간과 노동을 통해 해당 업무를 수행하는 위치가 아닌 지도하고 감독하는 업무로 전환되며, 그 결과 판매자는 더욱 중요한 업무를 처리하고 다양한 부가가치를 창출할 수 있게 된다. 투자를 통해 만들어지는 시스템의 핵심 요소인 자동화는 판매자가 더 큰 성취를 달성할 수 있는 선순환을 불러일으키는 요소인 것이다.

리스크

더 많은 성취를 위해서는 더 많은 투자가 이루어져야 한다. 당신이 100만 원을 투자하여 300만 원을 벌 수 있다고 하자, 투자한 비용 대비 수익을 얻을 수 있는 단순한 구조라면 1,000만 원을 투자해서 3,000만 원을 벌 수 있는 것이다. 그렇다면 무조건 더 많은 투자를 하면 되는데, 실제로 그렇게 하는 것이 어려운 이유는 무엇일까? 당장 눈에 보이는 투자비용, 미래에 대한 불확실성에 의해 손해가 발생할 수 있는 리스크가 동반되기 때문이다.

시스템을 구축하기 위해 투자가 이루어지는 과정에서 가장 중요한 활동 중 하나는 리스크를 관리하는 것이다. 투자 수익은 판매자의 성취를 판가름하는 요소이지만, 투자와 동반되는 리스크는 실패를 결정짓는 직접적인 요인으로 작용하기 때문이다. 큰 성공을 이룬 사업도 리스크를 마주하지 못하고 이를 관리하지 못하는 경우, 한순간에 실패로 이어지기도 한다.

시행착오가 실패로 남지 않고 성공으로 이어지는 과정이 되기 위해서는 리스크를 줄임으로써 새로운 시도를 할 수 있는 여력이 반드시 확보되어야 한다. 대부분의 리스크는 금전적인 손해를 의미하지만, 여기에서 말하는 리스크는 단지 돈만을 의미하는 것이 아니라 판매자의 시간과 정성, 신체의 안전과 건강을 포함하는 개념이다. 그렇다면 판매자는 먼저 자신이 직면한 리스크가 무엇인지 알아야 한다. 리스크를 알아야 이를 관리하기 위한 방법을 찾을 수 있기 때문이다.

판매자가 마주하는 리스크는 먼저 비용이다. 판매 과정에서는 초기 투자비용, 고정비용, 변동비용 등이 발생하며 이 비용들이 수익을 초과하는 상황이 지속되면 실패로 이어지므로 판매자는 수익을 증가시키는 노력과 함께 비용을 줄이기 위한 방법을 찾아야 한다. 작은 규모로 판매를 시작해보거나 가능하다면 국가 등에서 지원금을 받아 초기 자본을 마련하고 유통 과정에서 발생하는 비용을 줄이기 위한 방법을 강구하는 것이다. 판매 초반에는 상대적으로 활용하기에 여유로운 판매자의 시간과 정성을 통해 발생하는 금전적인 비용을 대체하는 방법도 있다. 비용이 발생하는 활동 중 본인이 할 수 있는 업무라면 이를 직접 처리함으로써 비용을 아끼는 것이다.

다음으로는 미래에 대한 불확실성이다. 판매자가 투자한 비용에 따른 결과가 나오지 않을 가능성은 언제나 존재하며, 결과가 나오지 않는 경우 투자한 비용은 곧 손해가 되기 때문이다. 불확실성에 대한 리스크는 분산을 통해 해결해야 한다. 분산이란 투자되는 판매자의 돈과 시간, 정성을 한 가지 요소에 집중하는 것이 아니라 여러 요소로 분산시키는 것을 의미한다. 광고를 시도한다면 하나의 방식이 아닌 다양한 방식으로 집행해보고 쇼핑몰을 운영한다면 다양한 판매 채널을 확보하고, 식당을 운영한다면 유통망을 다양화하는 것 등이다. 분산은 단순히 리스크를 분산시키는 것뿐만 아니라 판매자가 다양한 경험을 통해 더욱 빠르게 성장할 수 있는 환경을 제공한다.

투자는 높은 리스크를 감내하는 사람이 더 많은 성취를 달성할 수 있다. 하지만 판매자라면 리스크 관리를 통해 '로우 리스크, 하이 리턴'의 결과를 만들 수 있는 환경을 조성해야 한다. 리스크가 줄어들면 판매자가 성공할 수 있는 가능성은 비약적으로 상승하기 때문이다. 낮은 리스크는 시행착오를 통해 판매자가 성장할 수 있는 환경을 제공함으로써 성공확률을 높이고 계속해서 도전할 수 있는 발판을 제공한다.

실패에 대한 리스크가 없는 사람은 성공을 위한 노력을 꾸준히 한다면 언젠가 반드시 성공한다. 판매를 통해 더 큰 성취를 달성하고 싶다면 리스크를 최소화할 수 있는 방법을 강구하고 그 환경 속에 자신을 두어야 한다.

레버리지

판매의 확장으로 이어지는 시스템 구축은 판매자에게 특히나 더 많은 돈과 시간, 정성을 투자할 것을 요구한다. 하지만 하루 동일하게 주어지는 24시간, 개인의 체력적 조건은 일이 많아짐에 따라 그만큼 시간과 정성을 투자하는 것을 어렵게 만든다. 이런 상황에서 시간과 체력이라는 물리적 제약을 극복할 수 있는 방법이 있다. 바로 레버리지를 활용하는 것이다.

레버리지는 타인이 가지고 있는 자산을 활용하여 수익을 높이는 방법이다. 시간과 정성은 시간과 체력에 영향을 받지만, 돈은 물리적인 제약을 받지 않으므로 돈을 이용하여 타인의 시간과 정성을 확보하는 것이다. 레버리지를 잘 활용할수록 판매자는 더 많은 시간과 에너지를 확보하고 더욱 중요한 활동에 집중할 수 있으며, 더 많은 투자가 이루어진 만큼 더 많은 성취를 달성할 수 있다. 판매자의 시간과 정성을 대신해줄 직원을 뽑는 것, 업무를 직접 수행하는 것이 효율적이지 않다면 제3자의 능력을 빌려 업무를 위탁하고 생산성과 능률을 높이는 아웃소싱 또한 레버리지의 일종이다.

더 큰 성취를 내기 위해서는 더 큰 투자가 이루어져야 한다. 하지만 정성과 시간에 대한 부분을 판매자 혼자 모두 감당할 필요는 없다. 레버리지는 물리적인 제약을 극복하고 한정된 자원을 효율적으로 사용하는 방법이며, 더 많은 자산을 투입함으로써 더 많은 부가가치를 형성하고 일의 능률과 효율을 높이는 대표적인 방법이다. 성취를 위해 이루어지는 투자는 판매자가 레버리지를 얼마나 잘 활용하느냐에 달려있다.

인원관리

시스템은 사람에 의해 운영되며, 레버리지 또한 다른 사람과의 관계 속에서 이루어진다. 그래서 판매자는 함께 일하는 사람들을 이끌어 원하는 목표를 달성하기 위해 사람을 관리하고 다루는 방법을 알아야 한다. 인원을 관리하는 능력은 체계적으로 구축한 시스템이 자동화 기능을 발휘하기 위한 핵심 역량이며, 대부분의 일은 사람을 통해서 이루어지므로 관리하는 사람의 역량에 따라 업무 능률 및 효율이 결정된다. 따라서 판매자는 함께 일하는 동료들이 업무를 위해 헌신하고 노력할 수 있는 조건을 형성하고 관리함으로써 업무의 능률 및 효율을 증가시켜야 한다.

사람을 이끌고 다루는 모든 능력은 인간관계 능력을 바탕으로 한다. 힘든 일도 좋은 사람과 함께하면 이겨낼 수 있고 쉬운 일도 싫은 사람과 함께하면 괴롭다. 업무적인 관계는 인간관계를 바탕으로 그 위에 형성되는 이차적인 관계이기 때문이다. 판매자의 가치를 형성하는 인격과 성품, 의사소통 능력, 자존감, 직관과 통찰, 전문성, 카리스마 등은 다른 사람과 좋은 인간관계를 유지하고 판매자를 따르도록 만드는 역량이며, 개인의 자질과 능력을 판단하여 적합한 업무를 지시하고 권한을 위임하는 업무적 관계를 형성하는 핵심 역량이다.

그렇다면 성취를 달성하기 위해 인원을 효율적으로 관리하기 위해서는 어떻게 해야 할까? 먼저 개인의 정서적인 니즈를 충족시켜 주어야 한다. 사람은 누구나 욕구를 가지고 있다. 존중받고 싶은 욕구, 인정받고 싶은 욕구, 성장하고 싶은 욕구, 성취하고 싶은 욕구 등 개인마다 다양한 니즈를 가지고 있으며, 이러한 니즈가 충족될 때 개인의 삶은 안정되고 업무에 헌신할 수 있는 환경이 조성되어 업무 능률이 증가한다.

다음으로는 노력과 헌신, 성과에 대한 확실한 보상이 이루어져야 한다. 보상은 존중과 인정의 가치를 전달하는 가장 직접적이고 직관적인 수단이다. 개인의 무조건적인 헌신과 노력을 요구하는 것이 아닌 업무에 대한 합당한 대우를 보상으로 표현함으로써 개인에게 만족감과 함께 더 큰 성취를 달성하고자 노력하게 만드는 동기를 부여할 수 있다.

마지막은 사람들이 서로 협력할 수 있는 환경과 분위기를 조성하는 것이다. 업무가 목적과 성격에 따라 분류됨에 따라 각 업무는 분업이 이루어지면서 독립성을 띠게 된다. 하지만 판매 과정은 하나의 업무가 아닌 여러 업무가 종합적으로 연계되면서 이루어지므로 각 업무가 원활하게 이어지고 연계될 수 있도록 사람들이 서로 협력하고 상호작용할 수 있는 환경을 조성하는 것은 업무의 효율을 높여 성취를 달성하는 핵심 요인으로 작용한다.

인원관리는 판매를 확장하는 과정에서 성취를 달성하기 위해 투자되는 판매자의 자산을 더욱 효율적으로 활용하는 방법이다. 그리고 사람은 판매자에게 다른 무엇보다도 가장 가치 있고 소중한 자산이다. 모든 가치는 사람을 통해서 만들어지고 행복 또한 인간관계 속에서 만들어지기 때문이다.

위임

위임은 판매자가 시스템을 구축하기 위해 분류한 각 업무들을 다른 사람에게 맡기는 것으로 시스템의 자동화 기능을 달성하기 위한 전제조건이다. 판매자는 업무를 타인에게 위임함으로써 직접 투자해야 하는 시간과 정성을 아낄 수 있으며, 직접 업무를 처리하지 않아도 자체적으로 운영될 수 있는 시스템을 구축할 수 있다. 그렇다면 판매자는 시간과 정성을 아끼고 시스템을 자동화하기 위해 필요한 가치에 대해서 알아야 할 것이다.

판매자가 시스템의 자동화를 위해 타인에게 위임해야 하는 가치는 책임과 권한이다. 업무를 위임한다는 것은 목적을 달성하기 위해 업무를 수행해야 할 책임과 함께 선택의 순간에서 판단하고 결정할 수 있는 권한을 함께 맡기는 것이다. 업무는 그 종류와 성격, 중요성에 따라 책임과 권한에 차이가 발생하므로 판매자는 개인에 능력에 맞추어 업무를 위임함으로써 개인이 책임과 권한을 충분히 발휘할 수 있도록 만들어야 하며, 위임의 결과는 성취로 나타나 위임이 제대로 이루어졌는가를 확인할 수 있는 판단 기준이 된다.

위임은 판매자가 직접 업무를 수행하지 않기 때문에 리스크를 동반한다는 특징을 가지고 있다. 샐러드 가게를 운영하는 사장이 2호점을 낸 상태에서 직접 두 개의 매장을 운영하는 것이 어려워 담당 매니저를 배정했다고 하자. 매니저는 사장이 아니기에 업무를 처리하는 방식, 특정 상황 속에서의 판단과 결정, 대응이 판매자와 동일할 수 없는 것이 당연할 것이다. 능력이 좋은 매니저라면 적절한 판단과 선택을 통해 성취를 만들어내겠지만, 그렇지 않다면 판매의 효율이 감소해 성취를 달성하는 것은 어려워지고 이런 상황 속에서 발생하는 불확실성은 판매자의 리스크로 작용하게 될 것이다.

위임하는 권한과 책임이 커질수록 리스크 또한 증가한다. 그렇다면 위임으로써 발생하는 리스크를 줄이기 위한 방법은 무엇일까? 첫번째는 사람의 능력을 판단할 수 있는 안목을 갖추고 개인의 능력에 적합한 업무를 위임하는 것이다. 하지만 개인의 가치와 역량을 판단하는 것은 안목과 통찰이 요구되는 상당히 어려운 작업이다. 그래서 판매자는 개인의 능력을 평가하기 위한 나름의 기준을 정립하고 성과에 따라 더 많은 책임과 권한을 부여하는 시스템을 갖추어야 한다. 직원을 고용한다면 처음부터 중요한 업무를 배정하는 것이 아니라 상대적으로 덜 중요한 업무를 배정하고 업무 수행 내용과 결과에 따라 순차적으로 더 큰 책임과 권한을 넘겨주는 것이다. 이러한 시스템은 더욱 능력 있고 신뢰할 수 있는 사람이 더 큰 책임과 권한을 가지고 개인의 역량을 활용할 수 있는 환경을 제공함으로써 더욱 효율적인 업무 수행을 가능하도록 만든다.

위임으로써 발생하는 리스크를 줄이기 위한 두 번째 방법은 명확한 지침을 활용하는 것이다. 책임과 권한에 대한 명확한 지침은 판매자의 의도대로 업무가 처리될 수 있는 조건을 형성함으로써 불확실성을 줄여주기 때문이다. 고객서비스를 제공한다면 고객 요구에 대한 매뉴얼을 작성하고, 음식을 만든다면 메뉴에 따라 조리순서, 양, 무게, 조리시간에 대한 지침을 설정함으로써 다른 사람이 업무를 수행하더라도 판매자가 원하는 결과로 이어질 수 있도록 만드는 것이다. 여기서 주의해야 하는 점은 지침이 더욱 세부적이고 구체적일수록 업무는 판매자의 의도에 따라 처리가 가능하지만, 이는 반대로 개인의 창의성, 다양성, 문제해결 능력 등의 역량을 활용하지 못하는 환경을 조성하여 업무의 효율을 낮추고 성장을 저해하는 요인으로 작용하기도 한다는 것이다. 따라서 판매자는 큰 틀에서 명확한 지침을 설정하되 개인 재량을 충분히 발휘할 수 있는 환경을 조성함으로써 리스크를 관리하며 성취를 달성해나가야 한다.

규모의 경제

규모의 경제는 규모가 증가함에 따라 투자한 비용 대비 더 큰 수익을 얻을 수 있는 현상이다. 규모가 커지게 되면 원가 절약, 점유율의 증가, 전문성 향상 등의 이점을 통해 진입장벽을 형성하고 생산성 및 판매 효율을 증가시켜 수익의 증대를 일으킬 수 있다. 세일즈의 세 번째 본질인 판매의 확장은 투자를 통해 더 많은 판매와 수익을 얻는 규모의 경제를 달성해나가는 과정인 것이다.

규모의 경제를 통해 더 큰 수익을 달성하는 것의 핵심은 가망고객을 충분히 확보하는 것에 달려있다. 판매자가 아무리 규모를 확장한다고 하더라도 수요를 가진 고객이 없다면 규모의 확장은 초과공급을 초래하고 투자 대비 더욱 적은 수익을 이끄는 요인으로 작용하여 규모의 경제 효과를 누릴 수 없기 때문이다. 따라서 규모의 확장은 충분한 가망고객의 증가와 함께 이루어져야만 한다. 그렇다면 규모의 경제에 핵심 요소인 가망고객을 확보하고 유입하기 위한 방법은 무엇이 있을까?

가망고객을 확보하는 첫 번째 방법은 판매의 누적을 통해 충분한 고객층을 확보하고 고객관리를 통해 고객이 이탈하지 않도록 유지하며 충성고객으로 전환시키는 것이다. 이들은 판매자인 당신과 상품의 가치를 경험하고 만족한 사람들이며 신뢰, 팔로워십을 바탕으로 재구매로 이어질 가능성이 높고, 상품 추천, 소개 등으로 이어져 새로운 가망고객을 유입시킬 수 있는 자산이기 때문이다. 그래서 판매의 확장을 이루기 위해서는 가치를 형성하는 첫 번째 본질과 가치를 전달하는 두 번째 본질을 충족시켜 활발한 판매가 먼저 이루어져야 한다는 것이다. 혹시 가망고객층이 충분하지 않다면 큰 수익을 얻지 못하더라도 이벤트, 행사 등을 통해 이용 경험을 제공하여 고객을 확보하는 것 또한 고객관리를 통해 가망고객을 확보하는 방법이 될 수 있다.

가망고객을 확보하는 두 번째 방법은 판매자와 상품의 질적인 성장을 이루는 것이다. 질적 성장은 브랜드 가치를 형성하고 소비자의 니즈를 충족시켜 더 큰 만족과 함께 추가적인 수요로 이어지기 때문이다. 마찬가지로 이 또한 판매의 확장을 위해 먼저 이루어져야 하는 첫 번째 본질과 두 번째 본질에 해당한다.

규모의 경제를 활용하는 것은 더 많은 투자를 통해 더 큰 수익을 달성하는 방법이다. 그리고 규모의 경제는 규모가 확장됨에 따라 구축된 시스템의 효율성에 더 큰 영향을 받는다. 따라서 규모의 경제를 활용하기 위해서는 양적인 확장과 함께 질적인 성장을 고려함으로써 가망고객을 확보하고 효율적인 시스템 구축을 위한 노력이 필요하다.

문제의 원인
시스템을 구축하는 과정에서 발생할 수 있는 문제는 수없이 많다. 하지만 이 또한 시행착오로써 판매자를 성장시키는 요인이며 성공으로 나아가는 과정에 해당한다. 따라서 판매자는 다양한 도전과 문제해결 노력을 통해 더 나은 효율을 발휘하는 시스템을 구축하고 그 안에서 발생하는 리스크를 다루기 위해 노력해야 한다.

그렇다면 시스템 속에서 발생하는 문제의 원인은 무엇일까? 바로 시스템을 구축한 판매자 자신이다. 상품을 개선함으로써 가치를 높이는 노력을 하지 않는 것, 브랜드 가치를 형성하지 못하는 것, 변화에 대응하지 못하는 것, 고객관리를 통해 확장으로 이어나가지 못하는 것, 효율적인 체계를 구축하지 못하는 것, 투자를 하지 않는 것, 사람을 제대로 다루지 못하는 것, 사람의 역량을 잘못 판단하고 잘못된 위임을 하는 것 등으로부터 발생하는 문제는 모두 판매자의 실력과 역량에서 비롯되는 문제이기 때문이다. 판매자가 구축한 시스템은 판매자의 통제가 가능한 범위에 있으므로 스스로가 원인이라는 것을 인정하고 실력을 갖추기 위해 노력한다면 반드시 해결할 수 있다. 하지만 스스로가 원인이라는 것을 인정하지 않고 다른 이유를 찾거나 회피한다면 결국 문제의 원인을 찾지 못하고 문제 또한 해결하지 못하게 될 것이다.

세일즈의 본질을
당신의 상황에
적용하라.

마무리하며

Chapter
7

Chapter 7
마무리하며

끊임없이 고민하는 사람이 되어라

세일즈는 상품의 판매 과정에서 발생하는 수많은 문제를 마주하고 이를 하나씩 해결해나감으로써 성취를 달성해나가는 과정이다. 문제를 해결하기 위해서는 문제를 인식하고 그 원인을 파악하여 이를 해결할 수 있는 방법을 찾는 단계로 이어나가야 하지만, 때로는 문제 자체를 인식하는 것조차 어려울뿐더러 원인을 찾고 해결하는 과정에서도 계속해서 장애물과 부딪히게 된다. 하지만 문제를 해결하는 것은 성공으로 나아가는 과정이므로 문제해결을 위한 노력은 그 과정에서 당신을 성장시켜 성공으로 이어질 수 있는 실력을 갖춘 사람으로 변모시킨다.

우리는 마주한 장애물을 해결하고 극복하기 위해 고민과 노력이라는 과정을 거친다. 이러한 고민과 노력은 당신에게 지속적인 성찰과 반성, 의식적인 변화를 요구하며 당신에게 배움과 교훈을 주고 당신을 성장시킨다. 이 과정에서 습득한 지식과 가치는 이후에 같은 문제가 발생하더라도 더 이상 문제가 아닌 것으로 인식하도록 만들며, 또 다른 문제점을 마주할 때 더 쉽게 해결할 수 있는 직관과 통찰을 제공한다.

당신은 끊임없이 고민하고 실력을 쌓으며 앞으로 나아가야 한다. 더 많은 문제를 해결할 수 있는 사람이 될수록 당신의 가치는 더욱 높아지며 당신이 하는 모든 행동에 가치가 형성되어 더 많은 성취를 이루고 행복으로 이어지게 될 것이다.

어떠한 상황 속에서도 기회는 존재한다

우리의 삶은 기회로 가득 차 있다. 다만 주변에 존재하는 기회를 기회로 인식하기 위한 안목이 부족해 기회를 발견하지 못하는 것이며, 기회를 발견하더라도 무관심과 두려움을 원인으로 실행하지 못해 기회를 잡지 못하고, 실력이 없어 기회를 놓치는 것이다. 결국 기회를 성공으로 만드는 결정적인 요인은 당신에게 달려있다. 그래서 당신은 언제나 당신의 가치를 높이기 위한 노력을 해야 한다. 주변에 존재하는 기회를 발견하고 성공으로 이어질 수 있도록 실력을 향상시켜 마냥 기회가 오는 것을 기다리는 것이 아닌 당신이 직접 기회를 찾고 만들어나가는 주도적이고 진취적인 노력이다.

세일즈에서의 성공은 자신이 중요하게 생각하는 가치에 믿음을 가지고 판매를 통해 가치를 전달하여 수익을 발생시키는 과정이다. 그리고 발생한 수익은 당신이 더 많은 투자를 통해 부가가치를 창출하고 더 많은 판매로 이어질 수 있는 기회를 제공한다. 기회는 아직 발견하지 못한 상황에서도, 기회를 잡아 성공으로 이어지는 과정에서도 항상 우리 곁에 존재한다. 그리고 지금 당신의 상황보다 더 나아질 수 있는 가능성 또한 언제나 그리고 반드시 존재한다.

당신의 상황에 적용하라

당신이 지식을 배우고 책을 읽고 공부하는 이유가 무엇이라고 생각하는가? 삶에 적용함으로써 삶을 더 나은 방향으로 발전시키기 위함이다. 건강이 삶에 매우 중요한 가치라는 것을 알고 있지만, 건강을 위한 노력을 아무것도 하지 않는다면 건강의 가치를 모르는 사람과 같으며, 마찬가지로 이 책에서 다룬 세일즈에 대한 본질을 현재 당신의 상황에 적용하고 변화시키지 않는다면, 당신은 세일즈의 본질에 대해 전혀 모르는 사람과 똑같은 것이다.

현재 당신은 상황은 어떠한가? 당신과 상품의 가치가 충분한가? 가치는 충분하지만 가치를 전달하는 과정에 문제가 있는가? 아니면 판매의 확장을 이루어나가는 과정이 정체되어있는가? 책의 내용을 당신의 현재 상황에 적용하고 끊임없는 고민을 통해 방법을 찾고 개선함으로써 성취를 달성하기 위해 계속해서 시도하고 도전해야 한다.

생각과 경험, 지식은 대화, 책, 강의와 같은 다양한 채널을 통해 당신에게 가치를 전달한다. 하지만 자극에 대한 피드백이 이루어지지 않는 상황에서 자극의 의미는 사라진다. 그러므로 당신은 피드백을 통해 자극이 최대한 당신에게 작용하도록 만드는 노력이 필요하다. 정말로 성취를 원한다면, 이 책을 읽으면서 끊임없이 자신의 상황에 비추어보고 비교해보고 적용하며 지금 자신이 무엇을 해야 하는지 앞으로의 방향성을 설정하고 구체적인 방법을 찾는 노력이 필요한 것이다. 심지어 당신이 필요하지 않다고 생각하는 지식 또한 당신에게 교훈을 주고 배경지식을 형성함으로써 더 넓은 사고를 할 수 있는 기반을 마련한다. 주어진 지식과 경험의 가치를 본인의 것으로 만들어 시행착오를 줄이고 실력을 쌓아가는 것은 결국 당신에게 달려있는 것이다.

잘하는 사람이 계속 잘하는 이유

잘하는 사람은 어떤 일을 하더라도 잘한다. 그 이유가 무엇일까? 그들은 성취를 달성하는 방법을 의식적, 무의식적으로 알고 있고 그 방법으로 노력하기 때문이다. 이는 모든 일을 처음부터 잘할 수 있는 능력을 갖추었다는 것이 아니라 한 분야에 목표와 방향성을 설정하고 끊임없는 고민을 통해 문제를 해결하며 나아갈 수 있는 실력을 갖추었다는 것을 의미한다. 성취를 달성하는 본질을 아는 사람은 어떠한 환경과 조건 속에서도 기회와 방법을 찾아내므로 어떠한 일에서도 성취를 달성할 수 있는 것이다. 따라서 당신이 궁극적으로 추구해야 하는 목표는 어떠한 상황 속에서 올바르고 합리적인 판단을 내리고 기회와 방법을 찾아낼 수 있는 실력을 갖추는 것이다. 실력은 당신을 형성하는 가치로서 인간관계, 사랑, 취업, 행복 등 인생의 모든 분야의 어떠한 일에서도 원하는 성취를 달성할 수 있는 핵심 요인이다. 그래서 실력이 바로 성공을 위해 당신이 지불할 수 있는 대가인 것이다.

합리적인 소비를 하는 방법

이 책에서는 판매자가 소비자에게 상품을 판매하고 더 많은 수익을 만들어내기 위한 방법에 대해서 설명했다. 그렇다면 반대로 소비자의 입장에서는 어떠한 방법으로 합리적인 소비를 달성할 수 있을까? 여기서 합리적인 소비란 단순히 상품을 저렴하게 구매하는 것만을 의미하는 것이 아니라 자신의 니즈에 맞는 가치 있는 상품을 구매함으로써 최대의 만족과 효용을 발생시킬 수 있는 소비를 의미한다.

합리적인 소비를 위한 첫 번째는 자신의 니즈를 명확하게 아는 것이다. 자신의 니즈에 대해 잘 모르는 상태에서는 상품을 구매하더라도 만족과 효용을 별로 느끼지 못하기 때문이다. 자신에게 필요한 것이 무엇인지, 정말로 필요한지에 대한 자신의 니즈를 명확하게 파악하는 것이 합리적인 소비를 위한 첫걸음이다.

다음으로는 자신이 중요하게 생각하는 가치를 파악하고 우선순위를 설정하는 것이다. 사람은 개인마다 다른 가치관을 가지고 있으며 중요하게 생각하는 가치 또한 다르다. 어떤 사람은 브랜드를 중요시하지만 다른 누군가는 디자인, 가격, 분위기, 고객서비스, 판매자와의 관계, 구매 과정의 간편함 등을 더욱 중요하게 생각한다. 가치의 우선순위를 결정하는 것은 소비자 본인이며 스스로 중요하게 생각하는 가치를 정립하고 이를 충족시켜 주는 상품을 구매할수록 소비자는 더 큰 만족을 느낄 수 있다.

마지막은 판매자와 상품의 가치를 올바르게 이해하고 결정하는 것이다. 판매자와 상품의 가치를 모르는 소비자는 판매자가 활용하는 각종 판매 전략에 영향을 받는다. 하지만 정말로 가치 있는 판매자와 함께라면 소비자는 판매자에게 휘둘리는 것이 아니라 도움을 받아 본인에게 필요한 상품을 선택하는 기준을 빠르게 정립하고 이를 충족하는 상품을 구매할 수 있다. 이 과정에서 소비자는 선택지가 충분한 소비자 우위 시장이라는 것을 인식해야 하며, 신뢰할 수 있는 객관적인 사실을 바탕으로 비교함으로써 가치 있는 판매자와 상품을 구분하고 선택해야 한다.

소비자는 자신의 니즈를 파악하고, 이에 대한 우선순위를 정립하고, 판매자와 상품의 가치를 올바르게 판단하고 선택하는 합리적인 소비를 통해 가장 큰 만족과 효용을 얻을 수 있다.

세일즈는 인생이다
세일즈는 사람을 다루는 영역이다. 모든 판매 과정에서 판매자와 소비자의 주체는 사람이며 판매는 상호 간의 관계 속에서 발생하는 다양한 상호작용에 의해 이루어진다. 그래서 사람에 대해 더 많이 알고 이해하는 것은 세일즈에서 성취를 달성하기 위한 기본 역량에 해당한다. 하지만 이는 마냥 세일즈에만 적용되는 사항은 아니다. 사람을 더 많이 이해하고 이를 통해 결과를 만들어내는 것은 사회적인 관계를 맺으며 살아가는 인생에도 그대로 적용되기 때문이다.

사람은 삶을 살아가면서 가족, 친구, 회사, 연인 등 수많은 관계를 형성하며 살아간다. 그래서 세일즈의 본질 중 하나인 '사람의 마음을 얻는 행위'는 사람들과 감사와 존경, 사랑을 주고받는 관계를 형성하는, 당신의 삶에 그대로 적용되는 본질인 것이다. 당신은 이 세상에서 하나의 상품이자 판매자이고 소비자다. 당신이 어려서부터 공부하고 여러 사람을 만나고 경험하면서 다양한 생각과 감정을 느끼며 배우고 성장하는 것은 당신의 가치를 형성하는 과정이다. 그리고 사람들과 상호작용 하는 과정에서 당신의 가치가 다른 사람에게 어떻게 전달되느냐에 따라 당신에 대한 평가가 이루어지고, 이미지가 형성되며, 당신의 가치가 결정된다. 마찬가지로 당신 또한 소비자로서 상호작용을 통해 다른 사람의 가치를 판단하며 신뢰하고 만족하는 만큼의 인간관계를 형성한다.

특히 현재 상황을 개선하기 위해 문제점을 찾아 고민하며 이를 해결해나가는 역량, 성취를 달성하기 위해 자원을 투자하고 리스크를 관리하는 역량으로 구성되는 당신의 가치는 세일즈뿐만 아니라 당신의 삶 속에서 어떠한 문제를 마주치더라도 이를 지혜롭게 다루고 해결함으로써 실패가 아닌 성공, 더 큰 성공으로 이어지도록 만드는 본질이다. 가치를 형성하는 것, 상대방에게 온전히 전달하는 것, 이를 확장하여 더 많은 가치를 창출하고 성취를 이루는 것은 세일즈의 본질이자 인생의 다른 분야를 관통하는 삶의 본질로서 당신의 삶을 더욱 윤택하고 행복하게 만들어줄 것이다.

마무리하며

이 책에 담은 내용들을 정립하기 위해 나는 세일즈에 직접 뛰어들어 성취를 달성하기 위해 다양한 방식으로 도전하고 시도하면서 끊임없이 고민하고 방법을 찾았다. 매번 새로운 장애물에 부딪히고 이를 해결해나가는 과정을 반복하면서 나는 세일즈의 본질에 대한 개념을 정립할 수 있게 되었으며 이 과정 속에서 얻게 된 수많은 깨달음과 교훈들은 나를 성장시키고 더 큰 성취를 이룰 수 있도록 도와주었다. 나는 세일즈를 통해 행복을 느낀다. 나 자신의 가치를 높이고, 소비자에게 만족과 신뢰를 형성하고, 실력을 키우기 위한 나의 노력들이 하나씩 내 것이 되어 내면에 쌓일 때마다, 내 가치가 높아지고 세일즈를 포함한 내 삶이 더욱 나아지고 있다는 것을 몸소 느끼고 있기 때문이다.

우리는 평생 세일즈를 하면서 산다. 우리는 생산자로서, 판매자로서, 소비자로서 앞으로도 계속해서 세일즈 행위를 이어나갈 것이다. 나는 세일즈에 니즈를 가지고 있는 독자들이 이 책을 통해 세일즈의 본질을 이해하고 이를 삶에 적용하여 더 많은 성취와 행복을 이룰 수 있을 것이라 확신한다.

우리의 삶은 기회로 가득하며, 우리는 모두 성공으로 이어지는 과정 중에 있다. 세상 속에서 가치와 행복을 좇는 한 사람으로서 앞으로 이어질 당신의 삶을 응원한다.